·小学生科学素养进阶系[列]

科学伴我成长

⑤

总顾问　武向平
总策划　刘信中
总主编　林长春　黄　梅　简　渠

科学出版社
北　京

内 容 简 介

本套丛书共6册，根据教育部新课标要求和学生认知与身心发展规律，围绕物质科学、生命科学、地球与宇宙科学、跨学科应用等方面，用生动的语言与有趣的图片呈现科学知识和方法。

本书选取了清洁能源、消防服、恐龙化石、火星以及"月宫一号"等18个科学主题，通过阅读、思考、实践等形式，激发学生对科学的兴趣，认识科学本质，领会科学精神，提升科学素养。本书可供10～12岁的学生在科学教育课程学习中使用，也可供科学教育从业者阅读参考。

图书在版编目（CIP）数据

科学伴我成长. 5 / 林长春，黄梅，简渠总主编. —北京：科学出版社，2024.1

（小学生科学素养进阶系列）

ISBN 978-7-03-076487-4

Ⅰ. ①科… Ⅱ. ①林… ②黄… ③简… Ⅲ. ①科学知识-小学-教学参考资料 Ⅳ. ①G624.63

中国国家版本馆CIP数据核字(2023)第185213号

责任编辑：钟文希　侯若男／责任校对：彭　映
责任印制：罗　科／封面设计：一堂优

科 学 出 版 社 出版

北京东黄城根北街16号
邮政编码：100717
http://www.sciencep.com

四川五洲彩印有限责任公司 印刷
科学出版社发行　各地新华书店经销

*

2024年1月第 一 版　　开本：787×1092　1/16
2024年1月第一次印刷　　印张：9 3/4
字数：170 000
定价：38.00元
（如有印装质量问题，我社负责调换）

编委会

总 顾 问　武向平
顾 　　问　郑长龙　魏　冰　崔　鸿　毕华林　苏咏梅
总 策 划　刘信中
总 主 编　林长春　黄　梅　简　渠
编委会主任　林利琴　徐雁龙
编委会副主任　王昳红　赫学颖
本 册 主 编　王　剑　曹　雷　周　游
本册副主编　潘　波　姜　畅　王　利
本 册 编 委　陈宇莉　户月军　魏　婕　李菲茹　王　新
　　　　　　简惠珍　王文婷　杨　帆　杨　震　粟国芮
　　　　　　满成蛟　唐　祎

前言

当今世界，科学技术发展日新月异，百年未有之大变局加速演进。党的二十大报告指出："教育、科技、人才是全面建设社会主义现代化国家的基础性、战略性支撑。"我国要建设世界科技强国，全面实现社会主义现代化，就需要科学素质建设担当重要的使命。2021年，我国颁布了《全民科学素质行动规划纲要（2021—2035年）》（以下简称《纲要》），提出要实施"青少年科学素质提升行动"。2023年，习近平总书记作出"要在教育'双减'中做好科学教育加法"的明确指示。作为推动时代发展、科技创新的生力军，青少年的科学素质事关国家长远发展之大计。如何有效培养青少年的科学素质，自然成为新时代赋予科学教育工作者的历史使命与责任。

2022年，教育部颁布义务教育科学课程标准，把培养学生的科学观念、科学思维、探究实践、态度责任等核心素养作为总目标，这是新时代我国基础科学教育改革对科学素养内涵的深化和发展。提高青少年科学素养是一项综合性的社会系统工程，需要从学校科学教育延伸到家庭教育和社会教育，需要国家、社会、学校的多方协同。青少年通过课外科学阅读，理解和拓展科学知识，通过参加课外科学实验、科学考察、科技设计与制作等多样化的活动，体验科学探究与实践的过程。在阅读和探索的过程中，青少年能够学习科学方法，领悟科学思想，发展科学思维，增强创新意识，继承和发扬科学家精神，进一步增强社会责任感，为将来进一步学习和发展奠定坚实的知识与能力基础。

为此，我们组织了高校科学教育专家、中小学一线科学教师、科普

作家等近百人的编写团队，打造了小学生科学素养进阶系列——《科学伴我成长》（1-6）。本套丛书贯彻《纲要》的精神与要求，紧扣国家课程标准的理念与内容，按照"科学阅读—科学思考—科学实践—科学启迪"的模块顺序编写，从全球科技前沿、科技发展历史、日常生活、社会行业生产等方面挖掘和拓展科学教育内容，按照青少年科学学习规律和学习进阶的逻辑，从小学低段到高段整体设计，做到体系完善且连贯。丛书充分体现科学性、教育性、趣味性、可读性、创新性，是具有"国际视野、中国特色"的青少年科普读物。本套丛书既是"课程化"的科普读物，也是学校科学课程的延伸与拓展；既适合青少年课外自主阅读，也可供科学教师课内教学或课外拓展使用。

本套丛书在编写过程中得到了中国科学院院士武向平先生的关心和支持，在审读过程中得到了郑长龙、魏冰、崔鸿、毕华林、苏咏梅等科学教育专家的指导和帮助，在此一并表示衷心的感谢和崇高的敬意！本套丛书的编写出版得到了课堂内外杂志社和科学出版社的大力支持，彰显出他们对青少年科学教育价值的领悟和高度的社会责任与担当，这里谨向他们表示诚挚的感谢！

少年强，则国强！青少年是祖国的未来、民族的希望，是创新发展的后备军。我们希望，本套丛书可以伴随青少年成长，带动广大青少年学科学、爱科学、用科学，培养科技创新能力，发扬科学家精神，以科学梦托起中华民族伟大复兴的中国梦！

重庆师范大学科技教育与传播研究中心教授
中国青少年科技教育工作者协会科学教师教育专委会主任委员
中国教育学会科学教育分会副理事长

2023 年 12 月 10 日

人物介绍

科学的世界里充满知识、趣味和冒险，让我们跟着本书的三位小伙伴，一起去探索其中的奥秘吧！

小酷龙

科学小"达人"，物质科学、生命科学、地球与宇宙科学、跨学科应用……无一不是小酷龙喜爱钻研的。一颗热爱科学的心，一直指引着他前进。

安奇奇

古灵精怪的"问题男孩"，好奇心强，遇到问题总爱问"为什么"。也许你提出的问题，也是安奇奇正在思考的内容哟！

安乐乐

思维敏捷的"学习能手"，当遇到问题时，既爱动脑又爱动手。跟着安乐乐一起思考，你也可以很快进步哟！

目录

1 物质科学

变身吧，地球大气 1

向海底"进军" 9

清洁能源伴我行 17

消防员的"保护罩" 25

2 生命科学

植物也有大学问 33

哇！这些鸟儿好神奇 41

今天你流汗了吗 49

大脑保卫战 57

巨"虫"奇遇记 65

保护母亲河 73

3 地球与宇宙科学

恐龙化石知多少　81

火星奇妙大冒险　89

恒星并不"永恒"　97

这个湖泊真奇怪　105

4 跨学科应用

"码"上有秘密　113

轮子转转转　121

看不见的"X光"　129

飞向"科技月宫"　137

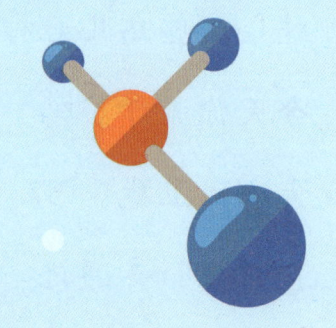

1 | 物质科学

变身吧，地球大气

对于地球上绝大多数生物来说，空气是保障生存的基础。但是你知道吗？地球大气层的空气，其实一直在"变身"。

> 安奇奇，你觉得原始大气和现在的空气有啥区别吗？

> 我猜原始大气肯定不如现在的空气清新！

大气"变化史"

从地球诞生至今,大气经历了三次重大的演变。这一切得从地球刚刚形成时说起。

大约46亿年前,太阳星云中分离出一大团星际物质,这团星际物质"飘"到了如今太阳系中地球所在的公转轨道附近,形成了地球和原始大气。

星际物质中的固体尘埃聚集形成地球。

围绕在地球外部的大量气体形成原始大气。

原始大气成分主要是氢气和氦气,这两种气体质量很轻,性格"叛逆",不喜欢受到"束缚"。

对不起,我们要走啦!

呜呜……不要离开尚在幼年时期的我啊!

席卷而来的太阳风

原始大气走了,抱抱孤独的自己……

再加上刚"出生"的地球引力很小,所以当强烈的太阳风掠过地球时,氢气和氦气趁机摆脱地球引力,往太空中"逃亡"了。就这样,地球上的原始大气很快便消失无踪了。

虽然一同来自太阳星云的"小伙伴"原始大气离开了自己,但初生的地球一点儿也没有气馁。

1 物质科学

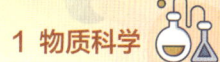

啊！难道我就不能自力更生创造新的大气吗？

地球利用身体里奔腾涌动的巨大能量，通过火山喷发、地壳板块碰撞等方式向地表释放出大量气体。

从此，我们就是不分离的稳定组合。

我变强大了，新的气体朋友不会离开我了！

有了上次的教训，地球这次生成的气体再也不只是被"风"一吹就逃走的轻飘飘的氢气和氦气了，而是二氧化碳、甲烷、氮气等重气体。再加上此时的地球比刚形成时更加"强壮"——引力更大，所以大部分新生成的气体被留了下来，成为地球上的次生大气。

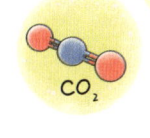

但是，因为那时大气中二氧化碳浓度过高，所以温室效应使地球的温度比现在高得多。这样的大气环境，显然不利于生物的生存与繁衍。因此，那个时期的地球还在一片死寂之中，等待着一个生命奇迹的出现。

在诞生约 10 亿年后，地球终于等来了生命的奇迹。当时，原始海洋里出现了一种名为蓝藻的生命体。蓝藻含有叶绿素，能够通过光合作用将二氧化碳转化成氧气。

> 蓝藻只是结构简单的单细胞生物，所以将二氧化碳转化成氧气的过程非常缓慢。大约经过了亿万年，地球大气的含氧量依然不足1%。

正是这不足1%的氧气，成了地球上生物大繁衍的关键。多种生物开始在大海里繁衍开来。

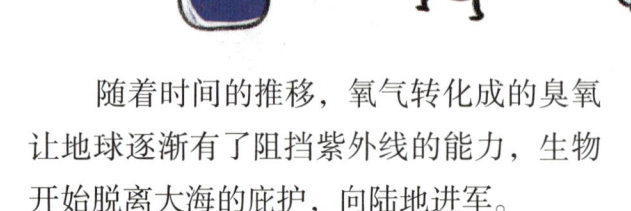

随着时间的推移，氧气转化成的臭氧让地球逐渐有了阻挡紫外线的能力，生物开始脱离大海的庇护，向陆地进军。

继而，陆生植物大量出现，通过光合作用将二氧化碳转化成氧气。随着大气中氧气浓度的提升，陆地上开始出现呼吸氧气的动物。

最终，地球这个生态圈实现了生态平衡，进入现生大气阶段。也正因为有了氧气含量稳定的大气，人类才得以出现，从而开启地球的文明时代。

今天，地球大气的含氧量达到了较为稳定的21%左右。

> 如今，地球的大气成分里氮气含量约78%，请问它主要来源于哪里？

1 物质科学

科学拓展

重要的氦气

空气中除了氮气、氧气、二氧化碳等含量较高的气体外，还包含氦气、氖气、氩气、氙气等稀有气体。这些气体虽然"分量"比不上前三种气体，但在我们的生产生活中，依然有不少用途。就拿在原始大气中就存在的氦气来说，它的用处可不小呢！

安全气囊：汽车安全气囊中所含的气体，其实是氮气和氦气的混合气体。

气象观测：氦气是质量较轻的惰性气体，比易燃的氢气更安全，因此被充入气象观测气球中，带着气球上升。

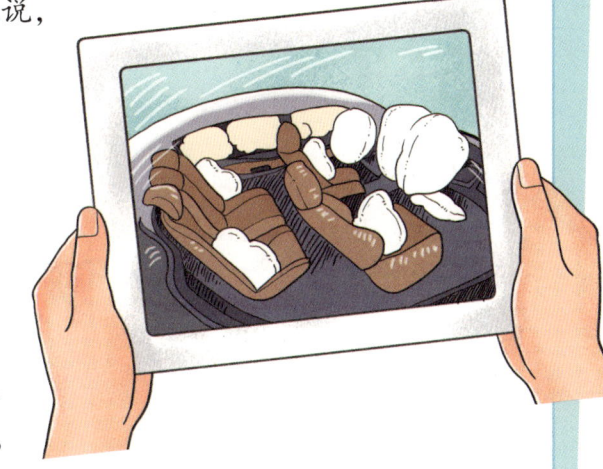

医学成像：磁共振扫描是诊断当中重要的检查方式，可以帮助医生更加清晰地了解内脏器官和组织的健康情况。液化后的氦气温度极低，只有在液氦的包裹下，扫描仪器中的超导磁体才能正常工作。

潜水作业：普通气瓶中的氮气在高压下会让人产生麻痹的感觉。因此，在深海潜水的时候需要将氮气换成更安全的氦气。

除此之外，在航空航天、金属制造、设备运输等方面都有氦气的身影。但因为相对分子质量轻，氦气"逃离"地球表面的坏习惯一直没改，而且，在地球上，氦气属于不可再生能源，所以我们还是要"且用且珍惜"呀！

科学实践

比比谁更重

空气有重量吗？动手做做实验，就能发现空气"体重"的秘密。

实验器材

大号气球2个、打气筒1个，衣架1个、棉线1捆、测距仪1个、计算器1个、体重秤1个、纸1张、笔1支。

操作步骤

1. 将衣架悬挂在一个固定点，并使其两端保持水平。

2. 用长度相等的棉线分别绑住两个气球，并悬挂在衣架的两端，使其保持水平状态。

1 物质科学

3.取下一个气球，用打气筒注满空气，再用刚才的棉线扎紧气口。

4.将鼓起的气球再次固定在原位上，看看衣架是否还能保持平衡。

实验说明：在实验中，衣架充当着能够测试重量的简易天平。当给一边的气球注入空气后，衣架便会向这边倾斜。这是因为空气其实也是有重量的，1立方米空气的重量约为1.3千克。接下来，让我们继续完成实验。

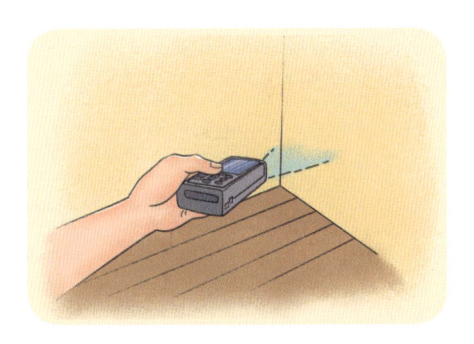

5.用体重秤测出自己的体重，再用测距仪测出当前所在房屋的长、宽、高（以米为单位），并记录下来。

6.根据"长×宽×高×1.3"的公式，计算出房间中空气的质量。

怎么样？你与房间中的空气谁重谁轻呢？

科学启迪

地球的大气层原来也有着自己的演变过程。通过阅读这一主题，我们了解了：

1. 人类的诞生比大气要晚得多，因此我们无法见证大气的演变。但从另一角度，我们可以通过大气演变遗留下来的痕迹来推断演变的过程，这就是科学的力量。

2. 大气的演变过程是科学家通过遗留在地球上的各种痕迹推断出来的，这些痕迹包括了许许多多的细节，如果弄错一处，结果就可能会大相径庭。这告诉我们科学研究要严谨、细致。

3. 难以与其他物质产生反应的惰性气体氦气在其他领域找到"就业岗位"，这告诉我们要善于利用物质的优点，让它们为科学和生活服务。

1 物质科学

向海底"进军"

海洋是一座神秘的宝库,有无穷的宝藏和秘密。从浅海到深海,从潜水者到深潜器,人类始终在努力地向着深海"进军"。

哇!海里好神奇!

继续下潜,还有更多秘密等着你们探索呢!

人类想要进入深海，必须得先通过海洋里两大"守卫兵"——浮力与压力设置的关卡。

"调皮捣蛋"的浮力

平时，浮力是托举小能手，在它的帮助下，人们可以在水里游泳，轮船可以远航。可是，如果想要潜入水底，浮力就会变成"捣蛋鬼"，人们越是想往下沉，它越是张开无形的巨大手掌使劲儿往上举，让下潜变得艰难。

为了控制和利用浮力，人们开始开动脑筋。最常见、有效的办法，就是改变与之相抗衡的重力。

潜水艇在自身重力与浮力相等时，会向"身体"里的压载舱中注入海水，把自己变成沉重的"实心球"，实现下沉。

想要上浮，潜水艇会将压载舱中的水"吐出"，利用浮力回到海面。

浮力的问题解决了，人们离海底更近了一步。可是，随之而来的压力，向我们提出了更大的挑战。

1 物质科学

"咄咄逼人"的压力

在不戴任何防护器具的情况下，普通人下潜的极限深度为10米左右。如果继续下潜，我们会承受多大的压力呢？

假设轿车质量为1.5吨，压在一个人的身上，假设接触面积为1.5平方米，通过计算，我们可以得出以下数据：

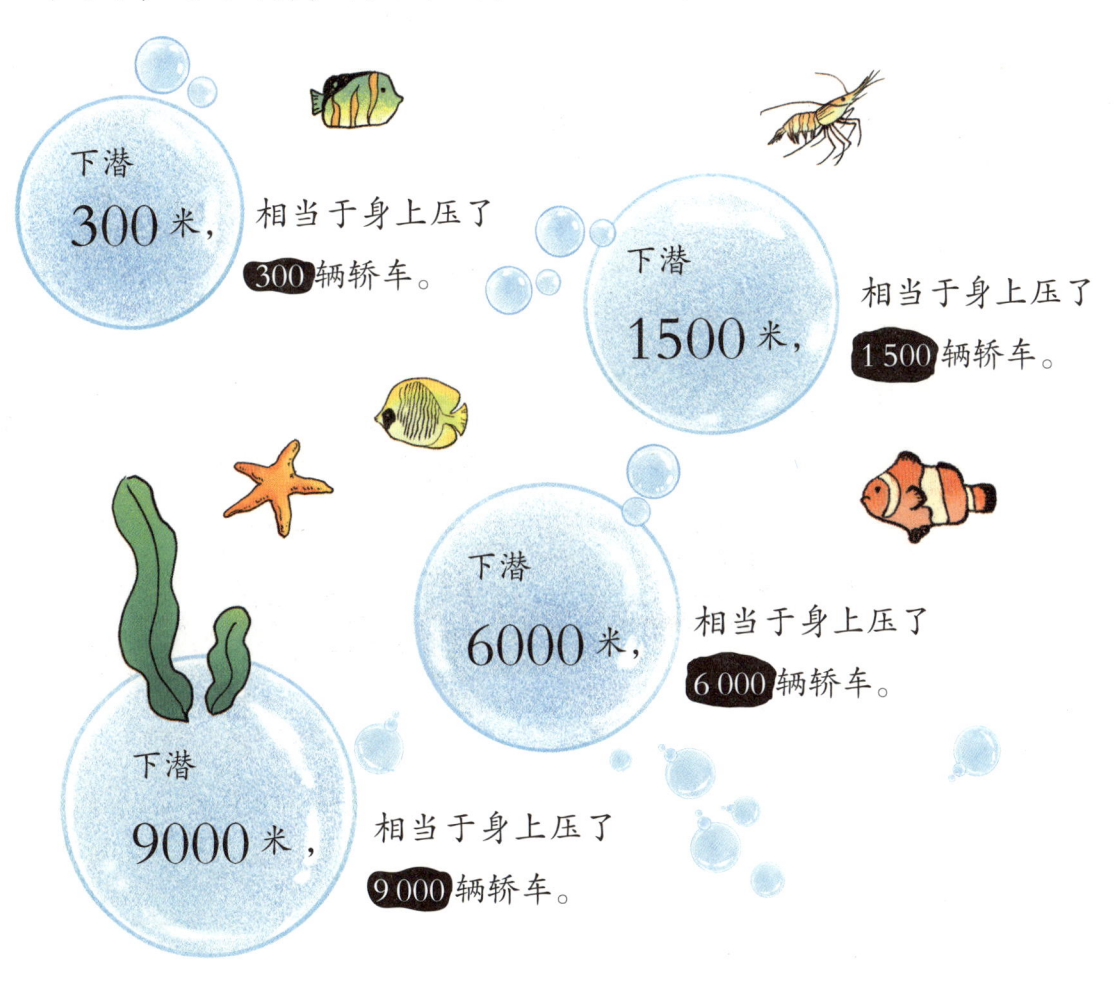

下潜 300 米，相当于身上压了 300 辆轿车。

下潜 1500 米，相当于身上压了 1 500 辆轿车。

下潜 6000 米，相当于身上压了 6 000 辆轿车。

下潜 9000 米，相当于身上压了 9 000 辆轿车。

因此，想要深入海洋探索，"抗压能手"载人深潜器必须出场。

20世纪20年代，人类第一台深潜器面世。自此，我们探索深海的能力有了突破性的提升。

2020年，我国自主研发的载人潜水器"奋斗者"号，在马里亚纳海沟成功下潜到10909米。面对"碾压级"的压力，"奋斗者"号是如何应对的呢？

拱形设计

圆润平滑的造型可以增强材料的耐压强度，避免深海压力对深潜器造成结构性破坏。

"奋斗者"号的外形与鸡蛋类似，在分散压力的同时，还能有效减少阻力。

纳米级玻璃微珠

在高压之下仍能为"奋斗者"号提供上升浮力。

密度小，不会被深海压力"压扁"，还能保持浮力性能。

新型钛合金材料

不仅能够为"奋斗者"号创造出优越的载人空间，还能塑造坚固的"盔甲"。

这种材料具有重量轻、耐腐蚀、强度高的优良特性。

科学拓展

压力带来的伤害

潜水后上浮的过程中，人们可能会患上减压病——从高压环境快速回到正常压力环境所造成的疾病。

在水里的高压环境中，空气中的氮气会大量溶解到人体组织中，而一旦上浮速度过快，氮气就会形成气泡，残留在身体里，皮肤、骨骼、神经、消化系统等多个组织器官也许就会因此受到影响。

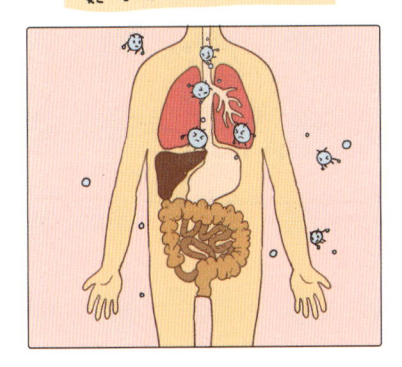

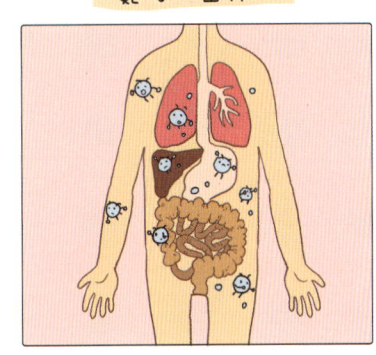

氮气被"压"入体内　　　　氮气残留体内

因此，深潜器不仅是我们探索深海的工具，更是保护我们不受压力伤害的"护具"。

深海探索从来不易，所幸的是，科学探究也给我们带来了超乎想象的惊喜。克服浮力、压力等因素带来的困难，我们就会离海底的秘密更近一步。

> 面对深海里的巨大压力，生活在那里的鱼类是如何承受的呢？

科学实践

浮力游戏

在下潜和上浮的过程中，潜水艇往往会通过往舱内注水或排水来控制浮力。现在，让我们一同来玩两个关于浮力的小游戏吧！

实验一

实验器材

水、空瓶2个、水盆1个、橡胶长管1根。

操作步骤

1.将两个瓶子盛满水，沉入装有大半桶水的水盆中。

2.将橡胶长管的一端插入其中一个瓶子中，向瓶里面吹气。当空气将瓶中的水挤出后，瓶子是否会浮起来呢？

实验说明：

1.在实验当中，橡胶软管应当进行彻底清洁，并注意防止水倒流进入口中。

2.往瓶中注入空气使其上浮的原理和潜艇排出舱内的水原理一样，都是利用空气增加浮力。

1 物质科学

实验二

实验器材

水、醋、小苏打、橡皮泥适量,广口玻璃瓶1个。

操作步骤

1. 将橡皮泥搓成米粒大小。

2. 向广口玻璃瓶中倒入大半瓶水,再加入适量的小苏打和醋。

3. 往广口玻璃瓶的溶液中放入五六颗"橡皮泥米粒",然后进行观察。

实验说明:

小苏打和醋发生反应,产生气泡,当这些气泡附着在橡皮泥上时,就会为其提供浮力。气泡不断产生、脱离,橡皮泥也会随着它们的运动而上下浮沉。

实验进阶:

1. 将广口玻璃瓶中的溶液换成可乐,会有同样的效果吗?
2. 试着改变橡皮泥颗粒的大小,再进行几组对比实验。

科学启迪

为了向海底"进军",为了克服浮力和压力,人类付出了非常多的努力。通过阅读这一主题,我们了解了:

1. 浮力能帮助我们航行在大海上,但同时也是深入海底的主要阻力。这一现象告诉我们要认清事物的两面性,科学地、辩证地看待事物、研究事物、利用事物。

2. 深潜器的出现,既是科技发展的结果,也是人类不断研究海洋、挑战海洋的结果。对未知领域不断发起挑战,可以促进人类科技不断地发展。

3. 探索海洋,我们的国家在行动。作为学生,我们也要永远保持对生活与自然的好奇心,保持对未知现象的探究热情,保持积极昂扬的科学探索精神,树立基本的科学态度。

1 物质科学

清洁能源伴我行

大家知道"清洁能源"有哪些吗?它包括光能、风能、潮汐能等。不少清洁能源都是能量转换的结果。

地球别着急!

我们来送清洁能源啦!

来自太阳的能源

太阳时刻都在释放巨大的能量。虽然这些能量只有约二十二亿分之一能到达地球,但却足以维持整个地球的生机。很多清洁能源的源头,就是太阳。

光热发电站

成千上万的定日镜反射阳光,并将其汇聚于集热塔。集热塔的温度可以达到800℃以上。高温加热塔中的熔盐,熔盐又将热量传递给水,从而产生高温高压的水蒸气,带动机器转动发电。

集热塔
定日镜

风力发电场

太阳辐射造成地表受热不均、空气流动,因此产生风。风吹动巨大的叶片,带动发电机转动,将动能转化为电能。

1 物质科学

光伏发电站

太阳能电池板直接将光能转化成电能。

来自地球的能量

除了太阳给予的能量，地球自身的一些能量也能被我们转化为能源。

地热发电站

地球深处的温度高达上千摄氏度。巨大的热量会传递到上层（距地表几百到几千米处）的岩石或有地下水的地方，我们可以钻井"抽取"这些热量，利用它们来供暖或发电。

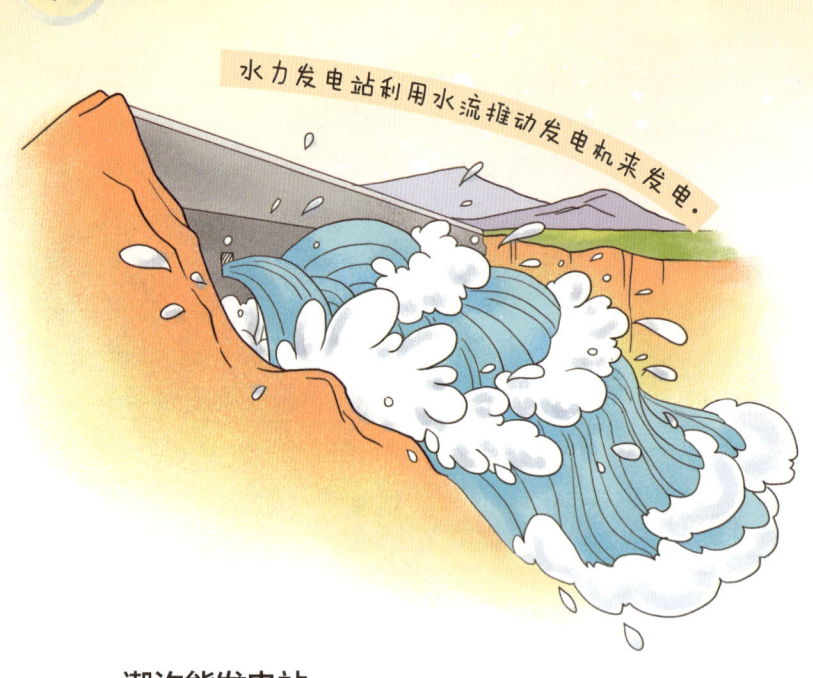

水力发电站利用水流推动发电机来发电。

水力发电站

河流中的水常年从高处流向湖泊、大海,片刻不停歇。水流运动提供的动能,也是人类可利用的能源。

潮汐能发电站

月球对地球有引力。在绕地球转动时,月球使海水周期性地上涨和回落,形成潮汐。如果在海湾修筑堤坝形成水库,让涨落的潮水流经其中的发电机,也可以像水力发电站那样将水流的动能转化为电能。

广袤的海洋中,同样蕴藏着尚待开发的能源。

这些依靠能量转换获得的清洁能源,不但可以帮助我们实现"碳中和"的目标,而且可以为社会长久持续发展提供动力。

1 物质科学

> 科学拓展

未来的"清洁生活"

如今，清洁能源的利用仍有许多实际问题需要解决。比如，阴雨天和夜晚无法利用太阳能，风能不持续、不稳定，地热开采的深度有限等。但随着科技的发展，在未来的生活中，清洁能源的重要性会越来越高，能源技术也会越来越成熟、普及。

我们不妨先来畅想一下未来的"清洁生活"吧！

人们居住的房屋是绿色智能建筑。建筑的电力主要来源于小型光伏设备和小型风力发电机。富余的电能还能存入蓄电池内。建筑的外墙和窗户采用特制的保温材料，节约制冷或供暖的能源。之所以称为"智能"，是因为建筑拥有可以自动调整用电、制冷、供暖等情况的智能控制系统，减少不必要的消耗。

出行时，无污染、噪声小，依靠电力驱动的电动汽车将是我们的首选。电动汽车搭载的电池可供我们进行超长里程的旅行。

大家期待这样的"清洁生活"吗？

科学实践

自制风力发电机

想使用一下风力发电机提供的清洁能源吗？让我们试着自制一个微型风力发电机吧！

实验器材

小型电动机1个、带导线的小灯泡1个、硬纸板、软木塞1个、橡皮筋1个、回形针4个、剪刀1把。

操作步骤

1. 将硬纸板剪成1个长条形及4个同等大小的矩形。

2. 把回形针一边掰直，另一边固定在纸片上，制成4张扇叶。

1 物质科学

3.将扇叶略微倾斜地插入软木塞中。

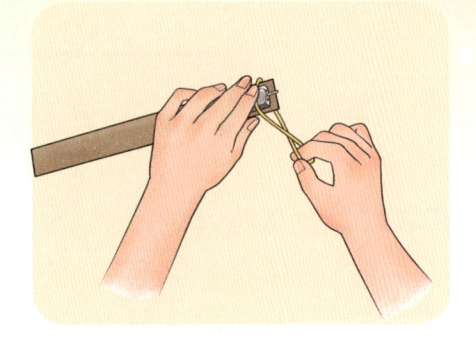

4.用橡皮筋将小型电动机固定在长条形纸板的一端。

5.再将带有扇叶的软木塞固定在电动机的旋转轴上。

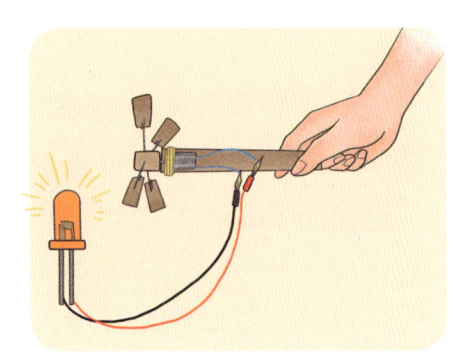

6.将小灯泡的两根导线分别与电动机的两极连接。吹动或转动扇叶，看看小灯泡是否会亮起来吧。

实验说明：
电动机的内部结构非常简单，主要分为线圈和磁瓦两个部分。当旋转轴带动线圈旋转时，就会产生电流。

实验进阶：
现在，实验中的风力发电机只能点亮小灯泡，如果想要驱动功率更大的电器，我们该怎么做呢？

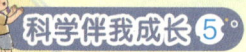

科学启迪

清洁能源大多是能量转换的结果,这些能源是我们实现"碳中和"目标的重要帮手。通过阅读这一主题,我们了解了:

1. 太阳无时无刻不在向地球传递着热量,而人类对这些热量的利用还远远不够,这说明科学还处于不断发展中,我们要保持求知、求真的态度,积极地探索自然。

2. 用清洁能源,对实现"碳中和"及保护环境有重要的意义。除了多方面使用清洁能源,我们还应该在生活中做到节约能源,为打造绿色地球做出自己的贡献。

3. 目前,清洁能源的生产和利用还有许多问题需要解决,这需要一代又一代的科学家不断投入自己的智慧。让我们努力学习,努力探索,点亮未来人类科技进步之光。

1 物质科学

消防员的"保护罩"

当火灾发生时,英勇的消防员经常需要进入火场救险。在烟雾弥漫、热气升腾的火场中,他们身上的消防服是最有力的"保护罩"。

穿上消防服,成为大英雄……

这是我们长大后的梦想啊!

威力巨大的火焰

在火场中最主要的"杀伤武器"之一，就是火焰燃烧释放出的巨大热量。热量的传递主要有传导、对流和辐射三种。火焰燃烧时释放出来的大量热量，在近处主要以传导和辐射的方式传递，在远处则是以热对流方式向周围传递。

当夜晚点燃篝火时，我们坐在稍远处感受到扑面而来的"一阵阵热浪"，就是热量在空气中通过对流的方式进行传递。

火灾中，很多人没有遭遇明火灼烧，却仍然受到了严重的烧烫伤，甚至因此死亡，主要原因就是他们接触了通过空气对流传递的大量热量。

在火灾现场，热量会以多种方式迅速传递，所以火场温度会在短时间内快速升高，最高时甚至可以达到上千摄氏度。

1 物质科学

消防服的功能

在高温火场中，实施救援的消防员拥有的强力"保护罩"，就是消防服。消防服隔热的原理，就是阻断热量辐射和对流的传递途径，而隔热功能也是消防服最重要的功能。

当空气中的高温接触到消防服最外层时，便会被阻隔。这个时候，虽然热量依然会通过消防服的最外层向内部传递，但是热量传递的方式已经从热辐射和热对流，变成了热传导。

热传导是热量在固体内部的传递方式，一般是由固体中温度较高的部分向温度较低的部分传递。

> 科学家们把不同材料传导热量的能力叫作导热系数，传导热量能力越大的材料，例如金属，它的导热系数就越高。

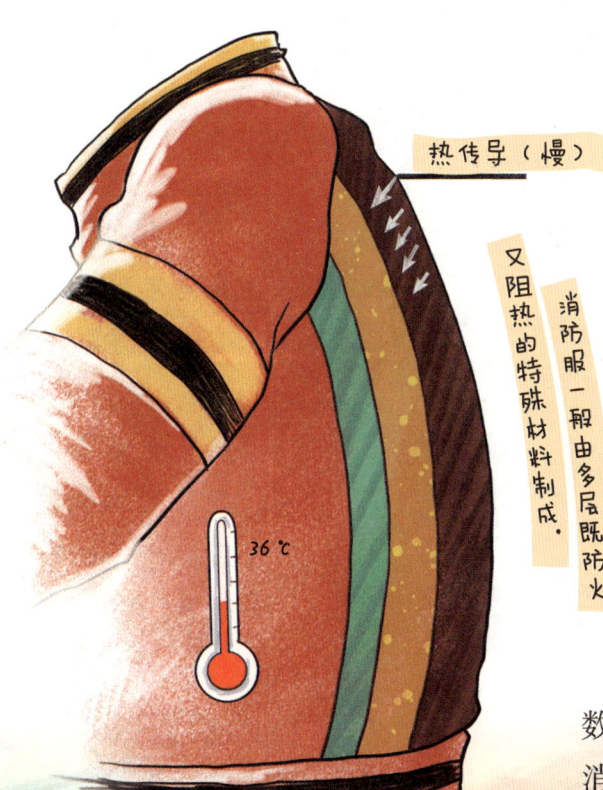

热传导（慢）

消防服一般由多层既防火又阻热的特殊材料制成。

制作消防服的特殊材料导热系数非常小，所以就算外部温度较高，消防服内部也能长时间保持人体适宜的温度。

消防服要在环境恶劣、充满危险的火灾现场保护消防员，仅仅只有隔热功能是远远不够的。在设计消防服时，一般还要考虑下面这些防护功能。

防烟雾及有毒气体

火灾现场会产生大量烟雾，如果是有害化学物质引发的燃烧，更会产生有毒气体。所以，消防服往往会配备阻隔烟雾的防护面具和护目镜，防护等级更高的消防服还会配备过滤式呼吸器。

阻燃

消防服最外层材料需要选择难以被点燃的特殊材料，这类材料哪怕接近高温明火，在短时间内也难以被点燃。

抗腐蚀性

有些火灾现场可能涉及有害化学物质泄漏，因此消防服还需要具备一定的抵抗强酸或强碱的特性。

除此之外，为了能让消防员在火场中自由行动，还需要考虑消防服的轻便性，消防服的内层材料也需要注重透气与排汗性能。

1 物质科学

科学拓展

人体与高温

火场的热量会使我们的体温迅速上升，那么，我们的身体能承受的温度是多少呢？

一般情况下，人体感觉到舒适的环境温度为 18~25℃。

23℃

30℃

当环境温度超过 38℃ 且湿度较大时，人们可能出现中暑、脱水，甚至脏器衰竭等不良症状。

38℃

42℃

当环境温度超过 42℃，就基本超过了我们能承受的最高限度。

中暑与环境温度息息相关。查一查，中暑是怎么回事，应该如何预防和救治。

科学实践

传热比赛

前面我们讲到了导热系数，不同的材料导热系数不同，传导热量的速度也不同。现在我们通过简单的小实验，来看看不同材料的导热系数吧。

实验一

实验器材

同等长度和粗细的铁丝、铜丝、竹签各1根，巧克力3块，水杯1个，热水。

操作步骤

1. 将同等大小的巧克力分别稳稳固定在铁丝、铜丝、竹签的顶端，将巧克力一端朝上，放入杯中。
2. 向杯中倒入大半杯80℃以上的热水。
3. 观察哪一块巧克力会先落下。

1 物质科学

实验二

实验器材

不锈钢锅 1 个、陶瓷锅 1 个、白砂糖、量杯 1 个、计时器 1 个。

操作步骤

1. 用量杯分别向不锈钢锅和陶瓷锅中倒入相同体积的白砂糖，在锅底铺匀。
2. 两口锅同时开火，并一致保持最小火力。
3. 用计时器记录不同锅中白砂糖开始熔化的时间，并观察白砂糖在锅底熔化过程中的形态变化。

注意事项：

操作实验时需注意安全，请家长或老师陪同，防止被烫伤或发生火情。

实验说明：

通过实验对比，我们可以发现，在其他条件完全相同的情况下，金属传递热量的速度更快，因为它们的导热系数更高。对于那些导热系数很高的材料，如银、铜、铝等，我们通常称之为热的良导体。

科学启迪

对于消防员来说，消防服有着非常重要的作用，随着科学的发展，消防服的功能也在不断完善。通过阅读这一主题，我们了解了：

1. 人们研究热传递的方式，并有针对性地设计出阻断热传递的消防服。在科学研究的过程中，弄清楚问题的本质往往能事半功倍。

2. 消防服既是科技的产物，更是一次次灾害之后经验教训的总结。这告诉我们实践能推动科技的发展，科技的发展同样需要通过实践来检验。

3. 在火灾面前，消防员绝对不会退缩。同样的，在科学的困难面前，科学家们也从未退缩。我们要学习他们的精神，在学习的道路上勇往直前。

2 | 生命科学

植物也有大学问

你知道吗？有着某些共同特征的植物，往往被分在同一科、属中。不过，你也许想不到，有些看起来好像毫无关联的植物，竟然也属于同一科、属，有着"亲缘关系"。

我猜西蓝花是花菜的姐姐，橙子是柚子的弟弟！

说得好像有点道理，不过，最好还是查查科学依据。

形态各异的"亲人"

番茄酸酸甜甜，是我们餐桌上备受欢迎的蔬菜，它属于茄科大家族。在这个家族中，番茄的"表亲"还有茄子和马铃薯。

番茄和茄子的果实表皮光滑，烹饪后口感柔软。

但是马铃薯却外皮粗糙，煮熟后口感软糯而细腻。

我们所食用的通常不是马铃薯的果实，而是块茎。

看这外形，马铃薯的果实是不是和"幼年"时期的番茄和茄子非常相似？不同的是，马铃薯果实成熟后也是青色，不会像番茄一样变红或像茄子一样变紫。除此之外，还有一个最大的区别：马铃薯的果实不能食用。

马铃薯的果实中含有大量的生物碱，食用会引起中毒。生物碱并不是马铃薯特有的，绝大多数的茄科植物都具有不同种类且有毒性的生物碱。

2 生命科学

> 可是，为什么我们常吃茄子和番茄却没有中毒呢？

> 我查查资料呢！

成熟的番茄和茄子经过清洗、烹饪等一系列处理之后，只要在正常的食用量内，对人体都是有益无害的。但有些野生的茄科植物和番茄长相相似，看起来非常诱人，我们千万不可以食用。

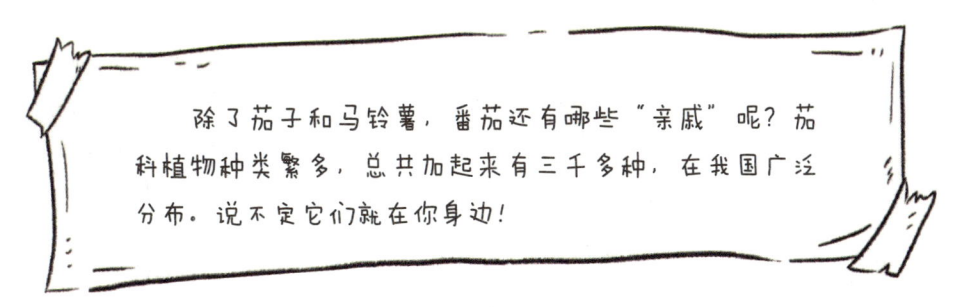

除了茄子和马铃薯，番茄还有哪些"亲戚"呢？茄科植物种类繁多，总共加起来有三千多种，在我国广泛分布。说不定它们就在你身边！

它们也是茄科下不同属类和种类的小伙伴。

枸杞　　辣椒

虽然，从果实的形态上来看，茄科植物千差万别，但它们其实存在着许多相似之处：植株的形态、花朵形状、花蕊排列、果实序列……这些也都是科学划分植物科属的重要依据。

长相接近的"陌生人"

如果说番茄、马铃薯、辣椒等是长相不同的同科或同属"亲戚",那么还有一些植物,它们长相相似,名字相似,却可能是不同科、不同属的"陌生人"。

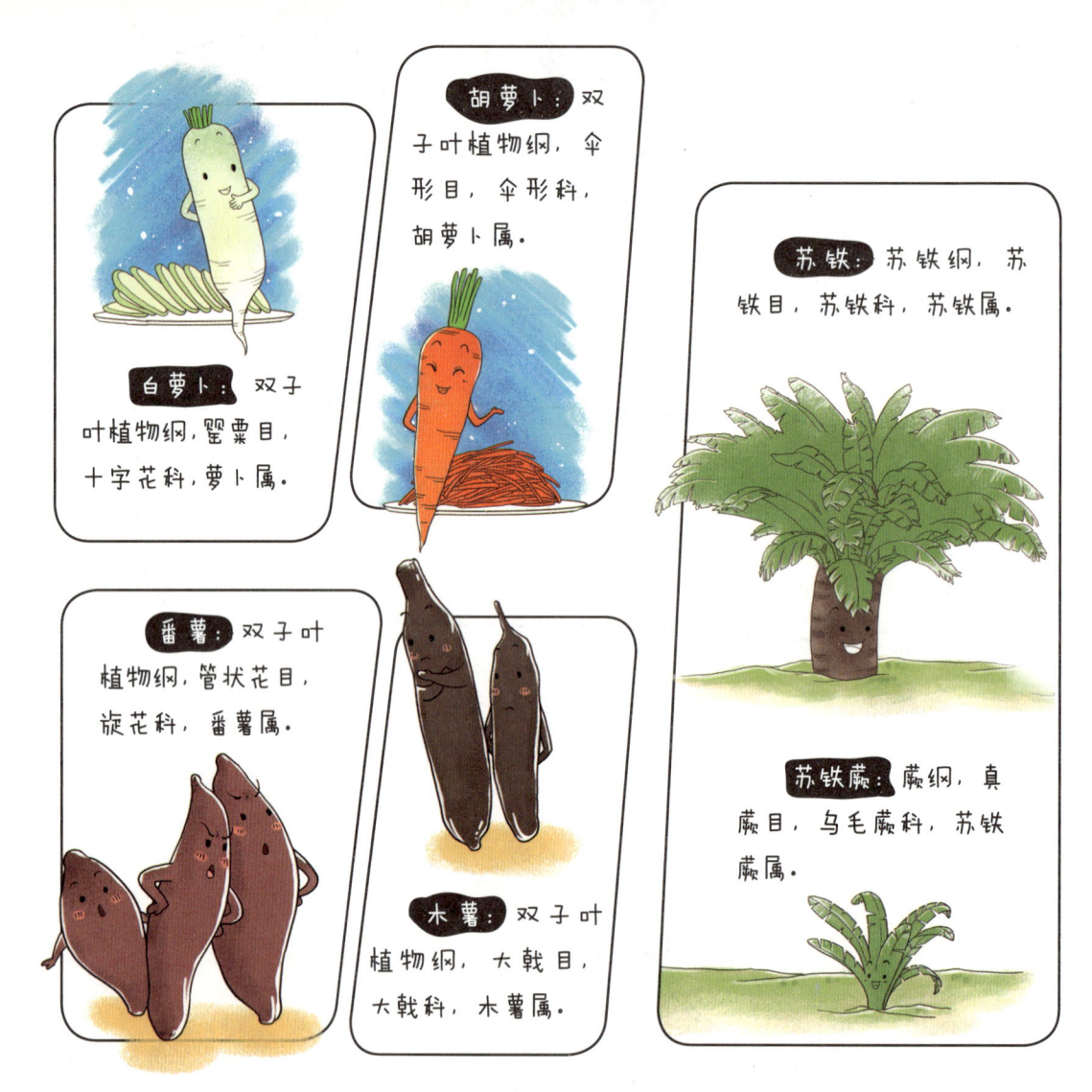

白萝卜: 双子叶植物纲,罂粟目,十字花科,萝卜属。

胡萝卜: 双子叶植物纲,伞形目,伞形科,胡萝卜属。

苏铁: 苏铁纲,苏铁目,苏铁科,苏铁属。

番薯: 双子叶植物纲,管状花目,旋花科,番薯属。

木薯: 双子叶植物纲,大戟目,大戟科,木薯属。

苏铁蕨: 蕨纲,真蕨目,乌毛蕨科,苏铁蕨属。

怎么样?是不是有些出乎你的意料呢?其实,这样有趣的"撞脸、撞名"现象不仅出现在植物界,也会出现在动物界,例如蜂鸟与蜂鸟蛾、蚓蜥与蚓螈等。因此,判断生物的科、属,不仅需要敏锐的观察,更需要查找准确的科学资料来佐证。

> 科学拓展

植物双名法

区分植物，除需了解外形，还需要准确掌握它们的名称。同一种植物在不同地区可能会有不同的叫法。而在科学研究中，为了避免这些五花八门的名字带来困扰，早在1753年，瑞典植物学家林奈就提出了系统为植物命名的"双名法"。

最初，人们用几个甚至十几个形容特征的词语为植物命名，但在双名法的体系规定下，仅用两个拉丁文单词就能为植物取一个独一无二的"姓名"：

双名法植物名 = 属名 + 种名（+ 命名者的名字缩写）

看到这里，我们或许有一些疑惑：什么是"属名"？什么又是"种名"呢？其实，"属"和"种"都是植物的分类等级。世界上的植物种类繁多，为了系统地进行研究，人们将植物进行自上而下的等级分类，顺序为门、纲、目、科、属、种。

门 纲 目 科 属 种

举个例子，我们会更容易理解双名法：

玫瑰，双名法命名为 *Rosa rugosa* Thunb.

月季花，双名法命名为 *Rosa chinensis* Jacq.

单词"Rosa"代表玫瑰和月季花都同属于蔷薇属，"rugosa"和"chinensis"则分别说明了物种更明显的特征，翻译过来分别是"有皱纹的"和"来自中国的"，最后一个单词则是命名人的名字缩写。

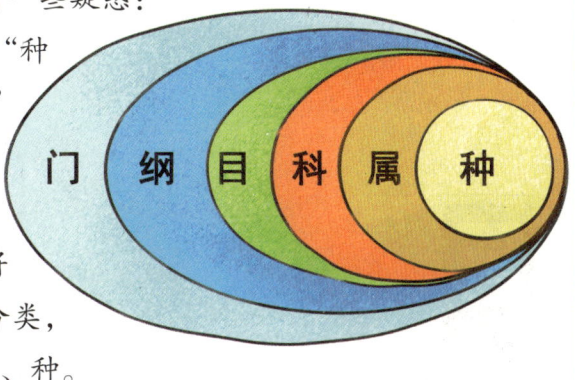

科学实践

萝卜大调查

现在，我们已经知道白萝卜和胡萝卜虽然长相相似，但关系并不十分密切。接下来，请尝试着从头到尾找找它们的不同之处，并完成一个调查报告吧！

实验器材

白萝卜1个、胡萝卜1个、手机1部、刀具1把、自来水、食用油、空矿泉水瓶2个、盘子2个、量壶1个、刀1把。

操作步骤

1.利用手机上网搜索，分别查找白萝卜和胡萝卜的种子、叶片、花朵的图片，观察其中的不同。

2 生命科学

2.把白萝卜和胡萝卜横切，再选择其中一段纵切，观察两者的横切面和纵切面。

3.把白萝卜和胡萝卜分别切成细丝装入盘中。

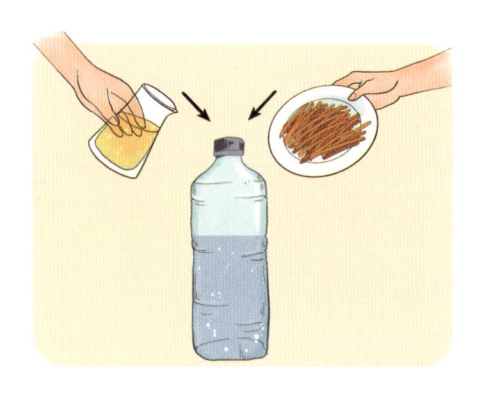

4.分别把白萝卜丝和胡萝卜丝装进不同的矿泉水瓶中。

5.往瓶中倒入自来水，没过细丝，再倒入10~15毫升食用油，盖上瓶盖，用力摇晃2~3分钟，观察瓶中两种液体的颜色变化。

对比项目	白萝卜	胡萝卜
种子		
叶片		
花朵		
横切面		
纵切面		
矿泉水瓶摇晃后的结果		

实验说明：

1.使用刀具时需注意安全。

2.动动脑筋：胡萝卜的颜色来自细胞中的胡萝卜素，那么白萝卜的颜色来自哪里呢？

科学启迪

植物之间的关系，是不是与你想象的不一样呢？通过阅读这一主题，我们了解了：

1. 长相不同的植物可能是"亲戚"，长相相似的植物却可能关系"疏远"。这告诉我们判断事物时，不仅需要凭借经验，更要深入研究，实事求是。

2. 看起来大不相同却属于同一"家族"的植物，如果我们细心观察，仔细研究，就会发现它们之间的共同点。研究其他事物时也是如此，我们要善于观察、归纳和总结，发现其中的规律。

3. 植物的分类和命名并不是一件简单的事情，不但需要非常丰富的知识积累，而且需要进行细致的对比和研究。一个细微的不同，就可能划分为两种不同的植物。这告诉我们在科学研究的过程中，一定要保持严谨、好学的态度。

2 生命科学

哇！这些鸟儿好神奇

你知道位于太平洋的科隆群岛（即加拉帕戈斯群岛）吗？常年居住在那里的达尔文雀族，是大自然进化中的"杰出代表"。

让我们先一起看看达尔文雀族的部分成员的简介，在头脑中留下对它们的初步印象吧！

典型的代表们

姓名：小嘴地雀

- 主要食物：小型颗粒状的草籽，以及一些生活在地面上的小虫子。
- 进化特点：常年"低头刨食"的精细活儿让小嘴地雀的喙进化得又小又紧凑，以便更高效地啄起地面上细小的食物。

姓名：大嘴地雀

- 主要食物：蒺藜（jí lí）或一些栎（lì）属植物的种子。这些种子往往包裹着坚硬厚实的果壳。
- 进化特点：大嘴地雀进化出达尔文雀族中最为巨大的喙。它们的喙威力大得能够砸开坚果的壳。

2 生命科学

姓名：尖嘴地雀

- 主要食物：有吸食鲣（jiān）鸟等大型鸟类血液的进食习惯。
- 进化特点：为了获取食物，尖嘴地雀的鸟喙进化得又尖又锋利。它们往往伏在那些体形是它们几十倍的海鸟背上，然后用尖喙啄开猎物的羽毛根部，吸食血液。

姓名：科科斯岛地雀

- 主要食物：花蜜
- 进化特点：科科斯岛地雀的鸟喙是较细长的圆锥形，且上下喙并不紧密切合，留有狭长的缝隙。这样的结构能帮助它们更轻松地吸取花朵里甜美的蜜糖。

姓名：拟䴕（liè）树雀

- 主要食物：树干中的小虫子
- 进化特点：拟䴕树雀的喙又长又尖，还带有一点向下的弧度，便于它们从树洞里面捉虫子。它们可以用树枝或仙人掌刺把虫子从很深的树洞里掏出来，是少有的会使用工具的鸟。

43

除以上我们所了解的典型代表外,达尔文雀族还有多个不同的种类,且每个种类之间都有着很近的亲缘关系,它们有相同的祖先和相似的体形就能说明这一点。但达尔文雀族大小不同、形状各异的喙是怎么回事呢?

原来,科隆群岛是一个神奇的地方,多样性的气候与地理条件让这里的动植物变得与众不同,热带生物与寒带生物在岛上共同存在。

学者们充分研究、分析达尔文雀族分布的区域与生理差异之间的关系后,得出结论:虽然有着共同的祖先,但鸟儿们为了适应各自的生存环境,吃到不同食物,走上了不同的进化路线。岛上不同区域的达尔文雀经过长年累月的繁衍,分别进化出了最适合采集相对应食物的鸟喙。

> 除达尔文雀族之外,还有哪些同类动物因为进食习性不同而进化出了不同的身体形态结构呢?

科学拓展

趋同进化

像达尔文雀族这样有"血缘"关系的动物，可以因为生活环境的不同，进化出不同的形态。神奇的大自然中还存在一种相反的现象，就是很多"血缘"关系相隔很远，甚至毫无关系的动物，因为生活在相同的环境里，进化出相似的形态，这就是趋同进化。

最典型的趋同进化的例子，大概要属地球上最大的动物——鲸。从动物分类学上来说，鲸与河马算是近亲，但是因为千万年来在海洋中生活，鲸的四肢演化成鳍状，身体也变成适合在水中运动的流线型，最终长成了鱼类的样子。

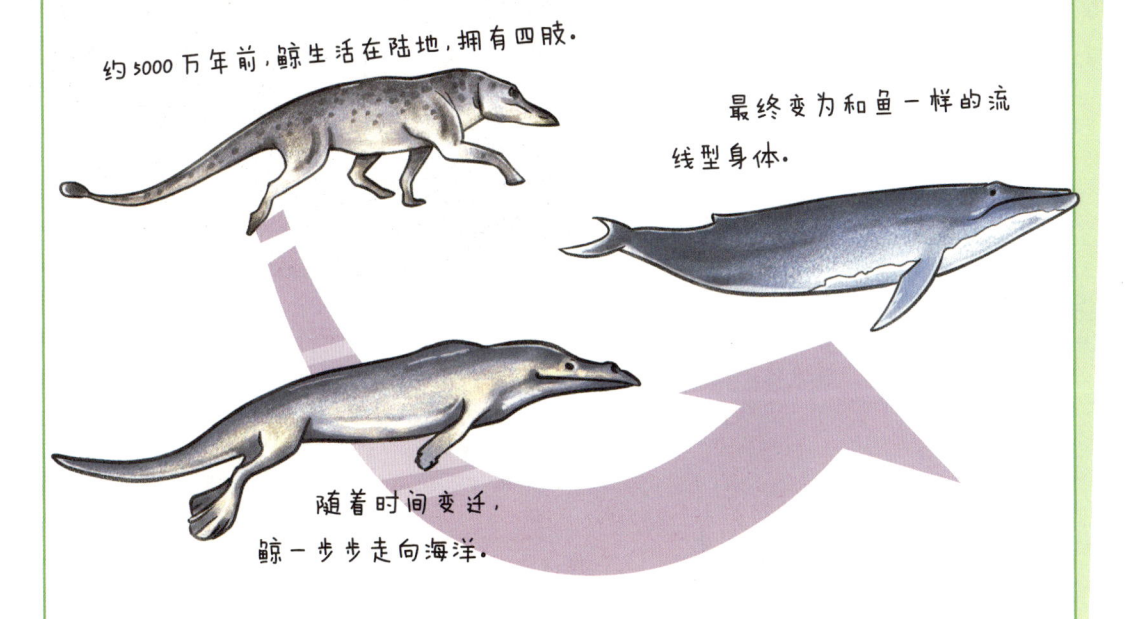

约5000万年前，鲸生活在陆地，拥有四肢。

最终变为和鱼一样的流线型身体。

随着时间变迁，鲸一步步走向海洋。

但动物的趋同进化不一定是整体趋同，也可以是进化出外形与功能相似的局部器官组织。例如水獭、鸭子、青蛙和海龟分别是哺乳类、鸟类、两栖类和爬行类，但是它们为了能够适应水生生活，都在脚趾间进化出了膜状的蹼，便于划水。

科学实践

来自羽毛的思考

羽毛是鸟类区别于其他动物的重要特征之一。不同的鸟类因为生活习性不同，羽毛的结构和功能也会出现差异。请观察对比你身边常见的两种鸟类——鸡和鸭的羽毛，找出它们之间的差异，并思考背后的原因。

实验器材

鸡羽毛若干根、鸭羽毛若干根、剪刀1把、水、墨水1瓶、杯子1个、搅拌棒1根、胶头滴管1个。

操作步骤

1. 仔细观察，并触摸两种羽毛，找出两者在外表和质地上的不同。

2. 用剪刀分别剪开鸡羽毛和鸭羽毛的羽轴（羽毛中间的管状结构），观察羽轴内部结构，找到不同之处。

2 生命科学

3.在杯子中装入适量的清水，倒入墨水，搅拌得到被染色的水。

4.用胶头滴管吸取染色水，分别滴在鸡羽毛与鸭羽毛的表面，观察两种羽毛沾水后的状态。

注意事项：

准备实验材料时，鸡与鸭的羽毛尽可能选择较大的正羽，便于观察。

实验说明：

1.我们除了能发现鸡羽毛与鸭羽毛在形态和颜色上最直观的差异之外，还能发现鸭羽毛的羽轴是中空的，而鸡羽毛是实心的。

2.鸭羽毛表面有油脂，能够防水，而鸡羽毛沾水后会被打湿。这是因为鸭子需要在水中游泳，因此羽毛更轻，且具有防水功能。

3.尝试使用其他的羽毛进行观察和实验，如鸵鸟羽毛、孔雀羽毛等。

科学启迪

同一种族的达尔文雀，因为生存环境的不同，进化出了各种各样的喙部特征。通过阅读这一主题，我们了解了：

1. 科隆群岛是一个非常神奇的地方，那里共同生活着许多奇特的物种。试着发挥科学探究的精神，去了解这片岛屿和生活在这里的动植物吧，相信你会有非常多的收获。

2. 在外形上，达尔文雀具有不同喙部特征，但科学研究告诉我们，它们归于同一科属鸟类。我们一定不能只相信眼睛看到的表象，而是要从各方面科学地看待问题。

3. 我们的地球，正是因为有着各种各样的生物才变得生机勃勃，各种生物也为了能在地球上繁衍下去而不断演化。我们要共同努力保护地球这个家园。

2 生命科学

今天你流汗了吗

在炎热的环境中，人们总会流很多汗水。汗水会让我们全身黏糊糊的，感到不舒服。可是大家知道吗，流汗其实是人体在进行自我保护。

真羡慕你们人类可以流汗降温。我就不行，真是热得快喷火了！

可我们的汗水会把全身弄得又脏又臭呀……

排汗是一种通过神经调节进行的生理活动，在面对"热浪"时，它可以让我们的体温保持在 36 ~ 37℃的健康范围内。

身体在流汗

人体好比一个精密的仪器，我们的皮肤、黏膜等组织中"安装"了大量能感知外界温度刺激的"温度计"——温度感受器，它们存在于人体的游离神经末梢。当温度感受器感知到周围环境超过人体正常温度时，就会发送过热警报。

注意！注意！
请做好降温准备！

怎么还没有下达指令？我好想冲出体外。

再等等吧，身体其他各部位还在准备中。

2 生命科学

下丘脑中大量处理过热警报的"调度员"——热感神经元迅速收到信号并分析其中的信息，然后向身体的相关部位发送执行指令。这些指令主要包括以下几种：

1. 请肌肉、内脏各相关部门注意，暂时降低发热量。

2. 请皮肤、毛细血管各相关部门注意，进一步舒张，加快散热速度。

3. 请汗腺注意，开始分泌汗水，排出体内多余热量。

汗腺

就这样，位于我们皮肤表面的汗腺，开始了汗水的分泌。这就是身体流汗的全过程。

汗水"又咸又臭"

在人体排出的汗水中，99%左右都是水分，1%左右是体内产生的一些废弃物质，包括氯化钠、尿素、乳酸、脂肪酸等。

实际上，刚被汗腺排出的汗水几乎是无色无味的。但汗水排出体外后，其中的水分迅速蒸发，而排出体外的氯化钠，也就是盐的主要成分，依然残留在皮肤表面，这才造成汗水有"咸味"的感觉。

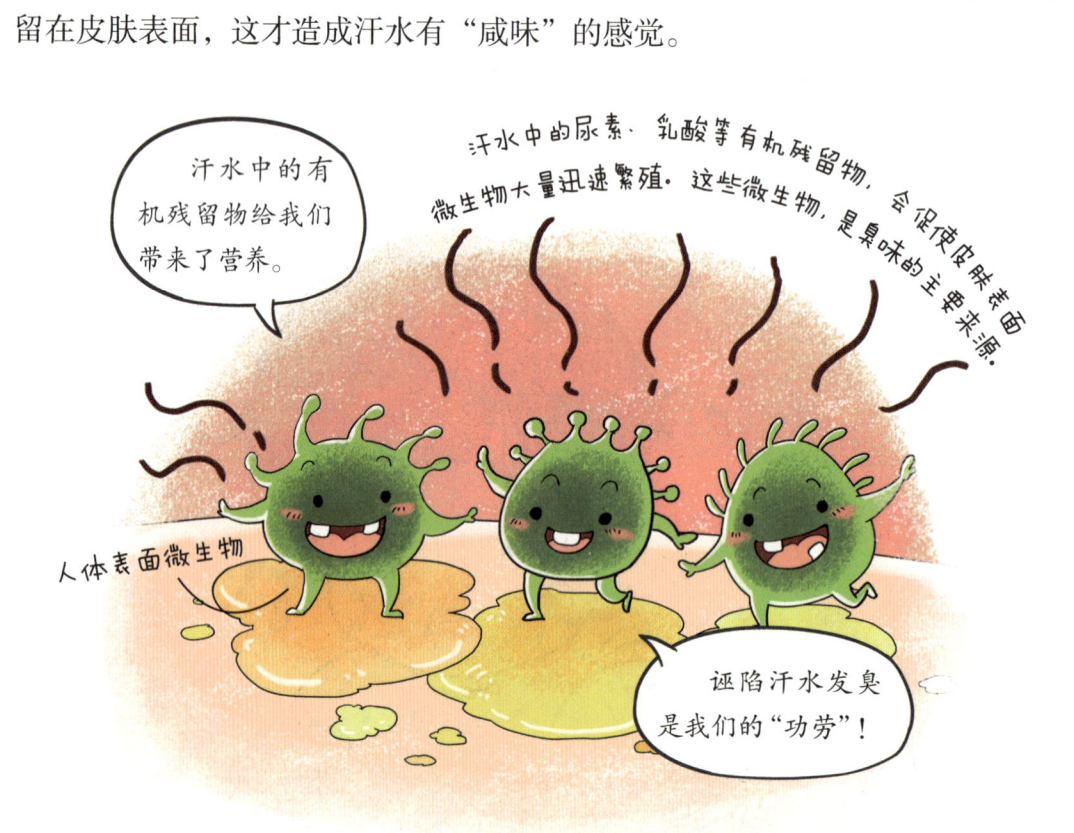

> 汗水中的有机残留物给我们带来了营养。

> 汗水中的尿素、乳酸等有机残留物，会促使皮肤表面微生物大量迅速繁殖。这些微生物，是臭味的主要来源。

人体表面微生物

> 诬陷汗水发臭是我们的"功劳"！

"汗水又咸又臭，是因为流汗大量排出了体内毒素"的说法，是没有科学依据的。如果为了"排毒"或者"减肥"，故意用极端高温刺激自己流汗，会造成生理调节机能混乱、电解质流失，甚至出现脱水的危险症状。

> 眼泪、血液、汗水、尿液四种人体液体，哪一种与其他三种液体不同？请说明理由。

科学拓展

条件反射

人体在高温时会流汗，在饥饿时会胃部收缩，这类天生就具备的直接生理反应，被称为非条件反射。与之相对应的，是通过后天学习，在间接的条件下产生的生理反应，也就是条件反射。

条件反射最初是俄国生理学家巴甫洛夫通过对狗进行一系列实验发现的。

狗在进食时，为了消化食物，会通过神经调节分泌唾液。于是巴甫洛夫试着在给狗喂食时，向它传递固定的铃声信号。久而久之，只要一听到铃声，狗就会分泌唾液。这就是狗通过后天"学习"产生的条件反射。

人类也同样存在条件反射。如果眼前出现十分逼真的火炉或者沙漠的画面，让我们误以为身处其中，哪怕周围温度并不高，后天的"学习经验"还是会让我们流汗。除此之外，很多同学站在很高处就会头晕、脚发软，看到蟑螂、蜘蛛会心跳加速，这些都是条件反射。

说说看，你还知道哪些典型的条件反射。

科学实践

神奇的感知

皮肤中有许多皮肤感受器，它们不仅能够帮助我们感知温度，还能够感受触碰和疼痛。让我们通过一个实验来感受一下吧！

实验器材

牙签5根、小圆木棍5根、胶带1卷。

操作步骤

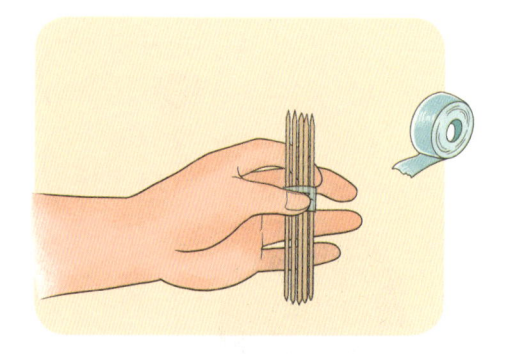

1. 将5根牙签顶端对齐，并用胶带固定。

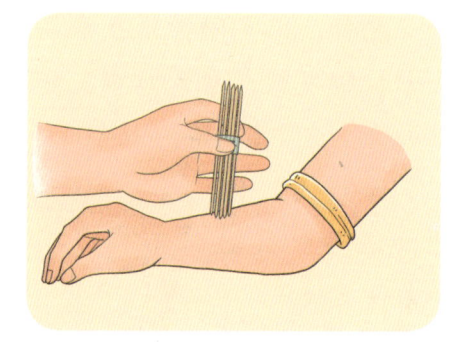

2. 请你的小伙伴闭上眼睛，用这束牙签的顶端触碰他的手臂，并请他说出皮肤感觉到几个触碰点。

2 生命科学

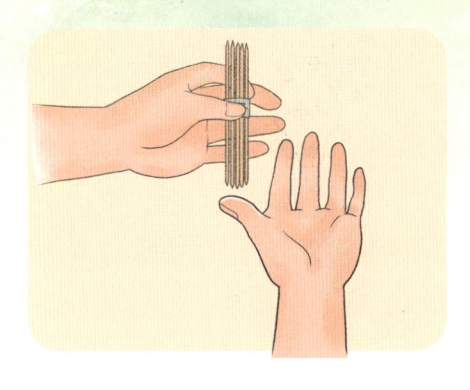

3.接着再用这束牙签触碰他的大拇指指腹。请他说出大拇指感觉到几个触碰点。

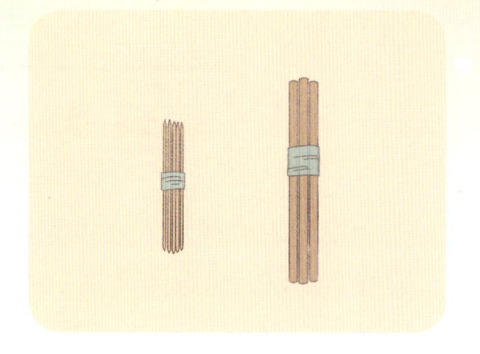

4.改变牙签根数，或换成圆木棍进行实验。

实验说明：

手指上的触觉感受器多于手臂、背部和大腿等部位，因此手指能够更加敏锐地感受到触碰的点数。

在实验中，我们需注意：

1.牙签或小棍顶端需完全对齐，且同时与人体接触；

2.注意安全，轻触即可。

实验进阶：

1.牙签和木棍都是硬质材料，试试用羽毛、线头等软质材料进行感知实验。

2.除人类之外，其他生物，特别是植物，具有类似神经元的结构吗？去资料中寻找答案吧！

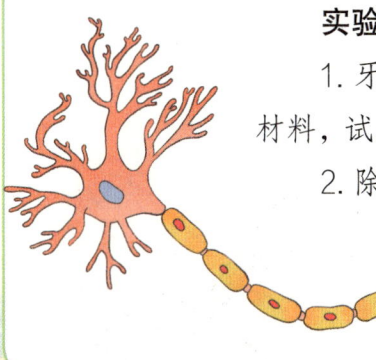

科学启迪

原来，流汗这件看起来非常平常的事情，背后也有这么多的科学知识。通过阅读这一主题，我们了解了：

1. 出汗这个普通的生理现象，背后有着人体各个部分的协调工作。我们的身体就像一台设计精密的仪器，背后有许多科学知识值得去了解和探索。

2. "又咸又臭"的汗水也是科学家的重要研究对象，它们蕴藏着许多与我们的身体和健康有关的奥秘。科学研究就是这样从细微处逐渐了解，积累形成系统性的知识。

3. 在生活中，特别是在网络上，有许多所谓的"知识"、"经验"及"说法"，其实并不是事实的真相。我们要努力提高自身的科学素养，学会分辨这些内容的真假，科学生活，科学成长。

2 生命科学

大脑保卫战

人类与其他动物的区别之一，在于我们会进行复杂的思考。用来思考的"工具"，就是我们的大脑。

成员众多的脑

对于人体来说，脑就像是一个指挥中枢，它每时每刻都在处理着大量信息，需要大脑、小脑、脑干等多个"部门"进行分工合作。

脑的各个"部门"的质地都非常柔软，它们负责分析处理所有信息，并对外发出指令。

"营养运输通道"——血管，为脑的正常运作供给营养物质和氧气。

约860亿个"基层员工"——神经元帮助脑部传递信号，控制思考、行动、情绪。

虽然脑部在人体中占据的体积不大，但它精细、复杂，是控制人体活动的根本，因此占据着至关重要的地位。

2 生命科学

坚强又脆弱的脑

脑部受伤，无论是脑组织损伤、脑神经受损，还是血管破裂，都会影响到人体功能。

那据此推断，为了保护脑部，我们是不是连摇头都只能轻微晃动呢？当然没有那么夸张啦！毕竟它还有多重保护。

1 外层"城墙"——头骨

人体最坚硬的组织之一，可以防撞击和冲击。

2 近身"盾牌"——硬脑膜

厚且坚韧的双层膜，位于三层脑膜的最外层。

3 贴身"铠甲"——蛛网膜与软脑膜

蛛网膜：其中的脑脊液和小纤维束不仅可以稳固脑的位置，还兼有保护脑部组织的防震功能。

软脑膜：几乎覆盖了整个大脑表面的半透明薄膜。当它受到刺激或感染病毒时，会导致脑膜炎。

然而，即使有着多重防护，在猛烈外力的作用下，我们的脑部依然显得十分脆弱，特别是太阳穴和后脑。

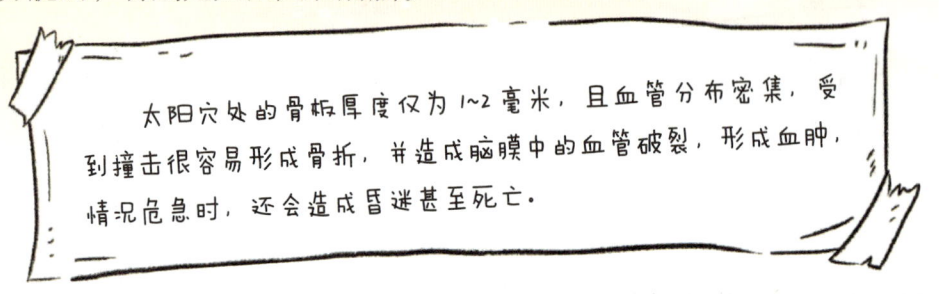

> 太阳穴处的骨板厚度仅为1~2毫米，且血管分布密集，受到撞击很容易形成骨折，并造成脑膜中的血管破裂，形成血肿，情况危急时，还会造成昏迷甚至死亡。

在我们的后脑部位，有着负责维持心跳、呼吸、消化、体温、睡眠等重要生理功能的脑干，它是我们的"生命中枢"。后脑一旦遭受重创，极有可能引发头痛、头晕、癫痫、四肢麻木、昏睡等症状。

跌倒是导致脑部受伤的常见原因之一，因此，在摔倒前，要尽最大可能保护我们的脑部。

双手在脑后十指相扣，保护后脑和后颈。

双肘稳稳护住太阳穴，身体蜷缩，侧面躺地。

如果不慎脑部受伤，我们一定要及时就医，遵从医嘱，密切观察。

脑部对于人类如此重要，我们还可以通过哪些方式来呵护它的健康呢？

2 生命科学

科学拓展

"头脑保护专家"

动物界中的"头脑保护专家",非啄木鸟莫属。

为了寻找到充足的食物,啄木鸟每天可敲打树木达到上万次,且每秒的敲击频率可达到15~20次!更重要的是,啄木鸟的敲击力度并不是点到为止,而是用尽全力。假如人类以啄木鸟啄木的力度撞击脑部,一定会感到头痛欲裂,甚至会出现视网膜脱落或是脑损伤的问题。

那啄木鸟是靠什么保护头脑的呢?答案是它独特的头部结构。

> 啄木鸟的头骨像一个坚硬的头盔。

> 这对脑部保护很重要哟!

除坚固的头骨外,啄木鸟脑部的液体、坚硬却富有弹性的喙、发达的头部肌肉、鸟类特有的眼部结构瞬膜,都能提供保护,把大部分的撞击力化解掉。

科研人员们通过模仿啄木鸟的头部构造,结合减震材料,发明出了人类使用的新型头盔,提高了保护性能。

科学实践

"欺骗"大脑

如果有一天，我们的大脑被"欺骗"了，会发生什么呢？现在来试试吧。

实验一

实验器材

智能烧水壶1个、杯子3个、温度计1个、冷水、冰块。

操作步骤

1. 设置智能烧水壶温度，烧出温度为45℃的温水。

2. 用温水、冷水、冰块制作两杯不同温度的水，一杯水温20℃，一杯水温接近0℃。

3. 先将左手浸入0℃水的水杯中30秒，再浸入20℃水的水杯中，然后将右手浸入45℃水杯30秒后，再浸入20℃水的水杯中。

注意事项：

1. 温水最高温度不超过45℃，避免烫伤。
2. 手浸泡在冰水中时间不宜过长，避免冻伤。

实验说明：

两只手对20℃的温水感受不一样，左手会觉得"水比较热"，而右手会觉得"水比较凉"，这是因为脑一般是通过对比温度变化判断冷热。实验中的"小花招"把它欺骗了，所以才会得出不同的答案。

2 生命科学

实验二

实验器材

彩色笔1盒。

操作步骤

1. 请将1、3、5、7行的方块从左到右按黄色、蓝色交错的顺序涂色。
2. 请将2、4、6、8行的方块从左到右按蓝色、黄色交错的顺序涂色。

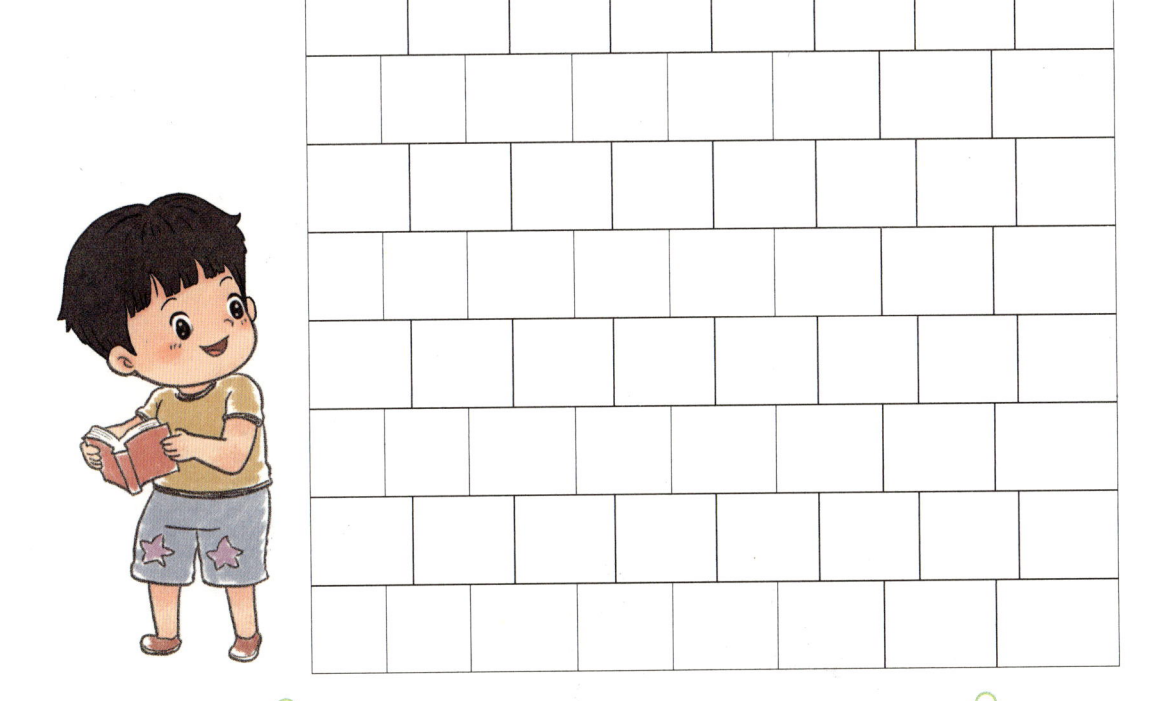

实验说明：

对比实验前后，你看到了什么？是不是原本平行的直线变倾斜了呢？没错，这就是著名的"咖啡墙错觉"。查一查资料，看看这次是眼睛欺骗了大脑，还是大脑欺骗了眼睛，其中蕴含着怎样的科学原理。

科学启迪

我们的脑部强大、重要又脆弱，需要好好保护。通过阅读这一主题，我们了解了：

1. 在平时的生活中，我们常将脑部笼统地称为大脑，但实际上它是包括了大脑、小脑、脑干、间脑，以及其他组织结构的器官。脑部各部分相互配合，才能"驱动"复杂的人体进行生理活动。在科学探究的过程中，我们要注意区分概念，不能囫囵吞枣地消化知识。

2. 为了保护重要的脑部结构，人体演化出了复杂的生理机制。但我们可不能就这样让大脑待在保护圈里"养尊处优"，要勤学习、多思考，让我们的大脑"动"起来！

3. 为了适应啄木的特殊生活习性，啄木鸟进化出特殊的脑部结构。事实上，关于动物的脑部，还有许多有趣知识，打开书本，去探索、去发现吧！

2 生命科学

巨"虫"奇遇记

说到虫子，大家的第一印象大概就是一些毫不起眼的小不点儿。可是，在几亿年前的远古时期，虫子们也有过一段身体巨大的"辉煌时期"。

我昨晚做了个梦，梦里见到了这么大一只蜻蜓。

安奇奇，也许……这并不是梦……

曾经的"空中霸主"

大家知道人类迄今为止发现的，曾在地球上出现过的体形最大的昆虫是什么吗？答案是"空中霸主"——巨脉蜻蜓。

巨脉蜻蜓活跃在3亿年前左右的石炭纪，它们的样子和我们现在见到的蜻蜓十分相像，但是个头却大了很多倍。

从已发现的巨脉蜻蜓化石来看，它们翅膀展开的长度能达到75厘米。

> 巨脉蜻蜓翅膀展开的长度，相当于一岁半小孩身体的高度。

> 我的祖先可比我伟岸多了！

巨脉蜻蜓不仅体形巨大，还拥有极其出色的捕猎天赋。这些天赋主要依赖于它的眼睛与翅膀。

2 生命科学

让猎物无所遁形的眼睛

一对约由数万只小眼睛构成、可以提供360°视野的复眼，3只能精确测定距离的单眼，为巨脉蜻蜓提供了出色的观测能力。

把猎物逼入绝境的飞行技巧

两对翅膀可以独立地按照不同方向和频率进行扇动，灵活地控制飞行方向，帮巨脉蜻蜓实现加速、冲刺、悬停、盘旋，甚至倒退等复杂的飞行动作。

靠着巨大的体形与强大的捕猎技巧，巨脉蜻蜓在石炭纪时期几乎没有天敌与竞争对手，位于食物链顶端的它堪称当时的"空中霸主"。

体形巨大的巨脉蜻蜓食量如何？它靠什么食物维持本身机能的运转呢？

巨"虫"出没

在石炭纪时期，巨大的"虫子"不仅有巨脉蜻蜓，还有许多体形巨大的节肢动物门生物。这些广义上的"虫子"足以让今天的后辈们膜拜。

巨型古广翅鲎（hòu）

如果说巨脉蜻蜓是空中"巨无霸"，那么巨型古广翅鲎就是海里最大的"巨虫"。这种节肢动物体长能达到2.5米，还有一对50~75厘米长的巨大螯钳。

虽然体形巨大，它在海洋里却并非无敌。无论是体长约9米的房角石（乌贼们的祖先），还是体长约10米的邓氏鱼，都能够对它造成威胁。称霸海洋不容易，在石炭纪中后期，它的后代只好朝陆地转移。

中突蛛

以巨型古广翅鲎为代表的海洋节肢动物的后代们在上岸之后，为了适应陆地环境而不断进化，体长几十厘米的中突蛛就是当时进化最成功的种类之一。

上岸后的中突蛛进化出了吐丝结网的能力。它们会在地面上挖坑，然后用蛛网在坑中布下陷阱，自己则躲到坑底"守株待兔"。

2 生命科学

普莫诺蝎

上岸的节肢动物们除了像中突蛛一样进化出吐丝的捕猎能力之外，还产生了另一个进化方向——用毒。其中的佼佼者便是普莫诺蝎，它虽然外形和现在的后辈差不多，但是体长可达70厘米，相当于一条中型犬的大小了。

节胸

无论是中突蛛还是普莫诺蝎，虽然体形依旧巨大，但比起它们曾经在海里的祖先都"缩水"不少。当然，在石炭纪后期也有依然保持着2米以上体长的陆生节肢动物，那就是节胸。

节胸看起来像一只覆盖重甲的巨型蜈蚣。虽然"扮相"让人一看就不寒而栗，但古生物学家们根据节胸化石胃部残留的植物碎屑推测，它其实是性格温和的"素食主义者"。长出巨大的体形、坚硬的背甲和狰狞的外表，不过是它用来保护自己的手段而已。

科学拓展

它们为何巨大

前面我们了解的那些巨型生物，大多生活在石炭纪到二叠纪前后。它们之所以体形庞大，与那时的地球环境有关。

在石炭纪时期，除了海洋动物进化上岸以外，海生植物同样开始向陆地"进军"。大量出现的陆生植物加强了光合作用，使地球大气中氧气含量突然飙升，达到了35%，远高于如今大气中21%左右的含氧量。

包括昆虫在内，节肢动物的呼吸系统较为原始，它们中大多数靠着体表的气孔和遍布体内的气管进行呼吸。因此当氧气足够充足时，它们的体形也可以进化得足够巨大——反正体形越大，体表气孔越多，就能吸收足够多的氧气支撑它们的生命活动。

石炭纪末期后，地球进入了大冰期，寒冷的气候让大量陆生植物死亡，空气中的含氧量重新降了下来。身体巨大化的节肢动物们空有一身气孔，却再也吸收不到足够的氧气。这样的"缺氧"环境导致巨虫们纷纷死亡，最终在石炭纪之后的二叠纪全部灭绝。反而是它们那些体形较小的同族，因为能够适应氧气"稀薄"的环境，最终活了下来，继续生存繁衍，直到今天。

科学实践

动手做琥珀

我们能在哪里追寻到"远古虫子"的身影呢？答案是生物化石——琥珀。现在，就让我们一起用科学魔法"变"出一块"琥珀"吧！

实验器材

松香、易拉罐1个、鸡蛋1个、昆虫标本1个、蜡烛1根、砂纸1张。

操作步骤

1. 轻轻在鸡蛋一端的顶部敲出一个小圆孔，取出蛋液，并清洗干净蛋壳。

2. 用易拉罐做成小桶，放入适量松香，点燃蜡烛，加热至松香完全融化。

3. 往蛋壳中倒入少量融化后的松香，冷却后放入昆虫标本，继续加入松香。

4. 待松香完全凝固后，敲碎蛋壳，将其取出。用砂纸打磨清洗后，就可以得到一个人工琥珀了。

实验说明：

琥珀是松树、杉树等树木的树脂包裹昆虫、植物所形成的化石。它们的表面及内部通常能看见形成之初树脂流动时产生的纹路，非常美丽。

2 生命科学

科学启迪

几亿年前的虫子居然如此巨大，简直让人出乎意料。通过阅读这一主题，我们了解了：

1. 科学家从化石中发现了3亿年前的巨脉蜻蜓，但又是如何了解它的习性呢？这既需要与同时期的其他物种进行对比，又需要联系现在蜻蜓的生活状态。科学研究就是要发现规律，寻找联系，然后从中寻求答案。

2. 远古地球的"密码"藏在无数的化石之中，这些化石深埋地下，等着人们去发现、去研究。翻开科普图书，看看化石都告诉了我们哪些关于地球的故事吧。

3. 物种的生存和繁衍，与地球的环境息息相关。在历史上，地球的环境曾多次发生重大改变，物种也因此出现更替，旧物种消失，新物种出现。

2 生命科学

保护母亲河

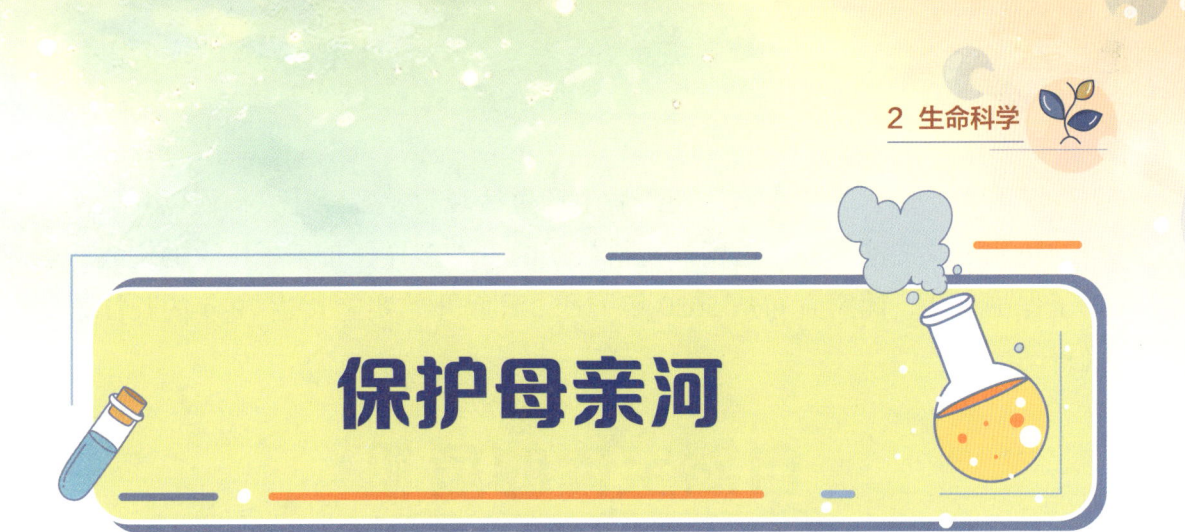

长江拥有丰富的淡水资源和生物资源，养育了一代代中华儿女。可是，近几十年来，长江里好多的鱼儿都失去了踪影。如今，保护母亲河的各种举措已经开始实施。

希望这次三峡游能拍到珍稀鱼类。

准备好手机来拍摄吧！

"靠山吃山，靠水吃水"的落后生产生活观念，曾经让人们误以为长江里的鱼儿是取之不尽的，过度捕捞给长江的生态多样性带来了巨大的挑战。为了保护长江，国家宣布从2020年1月1日起开始实施长达10年的长江禁渔行动。

自然宝库的危机

长江是我国第一大河流，拥有丰富的资源，是当之无愧的母亲河。

超过4 000种水生生物生活于此，其中鱼类就有400多种，170多种为长江特有鱼类。此外，中华鲟、白鲟、长江鲟等十多种洄游鱼类会从大海洄游到长江里产卵繁殖。长江也因此被称为淡水水生生物的宝库。

有着"长江女神"之称的白鱀豚，曾经面临严重的生存威胁。

被称为"淡水鱼之王"的白鲟灭绝了。

野生中华鲟曾经面临严重的生存威胁。

在长江禁渔行动实施之前，每年都有数量众多的长江鱼类被捕捞送往人们的餐桌。长江的生态出现了严重危机。

我们不想只能看到这些"水中精灵"的模型或照片。

渐渐地，很多鱼类都被列为濒危物种，甚至灭绝。我们的母亲河充满悲伤。

2 生命科学

鱼儿很受伤

有一个成语叫"竭泽而渔":意思是把泽洼中的水放光来捕鱼,完全不给鱼繁衍生息的机会。如果人们单纯为了眼前利益,这个成语将会演变成可悲的事实。以下是三种极端错误的捕鱼方式。

电鱼

有人用向水里放电,让鱼触电的方法捕鱼。水里的各种生物,甚至包括没孵化的鱼卵,都可能因为触电而死亡。

毒鱼

有人用向水中投毒的方法捕鱼,不仅可能大面积杀死水生生物,还可能让食鱼的人中毒。

炸鱼

有人将雷管等炸药点燃丢入水中,附近所有水生生物都可能被炸伤、炸死。

保护母亲河

我们应当保护生态环境，保护母亲河。国家已经采取了相应的举措，让我们也从自身做起，开展保护母亲河行动，为国家生态环境建设做贡献吧！

全面禁捕

自2020年1月1日起，青海曲麻莱县以下至长江口的河段，鄱阳湖、洞庭湖等通江湖泊，以及岷江、沱江、大渡河等7条重要支流实行为期10年的全面禁捕行动。

增殖放流

放流青鱼、鲢鱼、鳙鱼、草鱼、鲤鱼等经济型鱼类，放流中华鲟、长江鲟等保护鱼类，以及胭脂鱼、长薄鳅、松江鲈等珍稀鱼类，恢复长江的生物多样性。

建立制度

设立和完善包括《中华人民共和国长江保护法》在内的法律法规，颁布《长江流域重点水域禁捕和建立补偿制度实施方案》等规章制度，以制度保证禁渔行动能够稳步推进。

在这些科学举措的保障下，我们将再度看到生物种群丰富的母亲河焕发出生命的光彩。

科学拓展

不容忽视的植物们

长江流域丰富而珍贵的植物资源,在长江的整体生态环境中也同样担任着极其重要的角色。

荷叶铁线蕨

荷叶铁线蕨是我国特有的物种。它对环境有着极高的要求,一旦周遭略有变化,就可能遭遇"灭顶之灾"。

珙桐

珙桐和荷叶铁线蕨一样,是中国本土特有物种,同时也是第四纪冰川时期幸存下来的古老植物,被誉为"植物界大熊猫"。它能开出像展翅白鸽一般的洁白花朵,但由于同样对环境有着苛刻的要求,且整体数量稀少,所以珙桐的花朵并不常见。

疏花水柏枝

这种能开出白色或粉色小花的植物根系发达,可以巩固河岸水土。每年夏天,江水上涨,疏花水柏枝被淹没,枝叶腐坏,但根系却能藏在水底韬光养晦。待到江水退去,它便蓄势待发,重获新生,是典型的两栖植物。

曾经由于生态环境的破坏,这些珍贵的植物资源日渐稀少。近年来,在科研人员的研究、保护、人工繁育下,它们的生存状况得以好转。

科学实践

别让伤害靠近

通过几个小实验，让我们更加深刻地理解环境因素可能会对长江流域的生物造成的影响。

实验一

哇！有人帮忙清理河边垃圾！

不要让环境污染伤害鱼儿和它的小伙伴。

实验器材

塑料袋 1 个、水桶 1 个。

操作步骤

1. 将塑料袋缠绕在一只手的五指和手腕上，将手伸进盛有水的水桶中。
2. 在另一只手不帮忙的情况下，看看多久能挣开塑料袋的束缚。

实验说明：

试想一下，如果没有双手、不会使用工具的鱼儿、龟类等水中动物被塑料袋缠住，怎样才能逃出生天呢？它们每年因为各类塑料制品而丧失生命的不在少数，而解救这些水中生灵的根源，只需要我们养成不向水中投放垃圾这一个小习惯。

2 生命科学

实验二

实验器材

墨水 1 瓶、水杯 1 个、水盆 1 个。

操作步骤

1. 向水盆中倒入一杯水，滴入两滴墨水。
2. 以杯为单位，向水盆中倒水，看看第几杯时，盆中的水重新变清澈。

实验说明：

假设墨水是农药、工业废水等污染物，水盆中最初的第一杯水是长江原有水体，之后加入的水是长江流域注入的新水体，我们可以看到，随着水量的增加，墨水可以被稀释到肉眼不可见，但本质上却没有消失。因此，只要排放污染物，伤害就不会消失。

实验三

实验器材

高倍放大镜、鱼鳞、黑色卡纸。

操作步骤

1. 将鱼鳞晒干，放在黑色卡纸上。
2. 借助高倍放大镜，观察鱼鳞上不同条纹的差别。

实验说明：

鱼鳞上的条纹和树的年轮都是生长纹理。鱼鳞条纹代表着鱼儿的年龄。通过观察，我们可以发现鱼鳞上有深浅和宽窄不同的条纹。在环境适宜、食物丰富的年份，鱼鳞上的条纹较宽，且颜色较浅。这每一条纹路，都是环境影响的痕迹。

科学启迪

到今天，"长江十年禁渔"已经取得了初步的成果，长江的渔业资源明显恢复。通过阅读这一主题，我们了解了：

1. 长江出现渔业资源危机，是人们违背自然规律的结果。只有尊重自然，与自然和谐相处，人类社会才能可持续地发展下去。

2. 治理长江，不能只停留在"禁"，更需要一套完整的治理方案。在解决问题的时候，既要有针对性，也需要综合考虑，制订出最合理可行的方案。

3. 在生活中，我们可以积极参与"禁渔宣传"一类的社会活动，这样既能提升我们的生态环境保护意识，又能为保护母亲河做出自己的贡献。

3 | 地球与宇宙科学

恐龙化石知多少

相信很多同学都是恐龙化石的忠实爱好者，那么，你们知道恐龙化石中有哪些值得去了解的知识吗？

化石分种类

恐龙生存的时代离我们非常遥远，它们的皮肤、肌肉、内脏等软组织早就消失在了历史的长河中，很难有完整的恐龙遗体留存下来供人们研究。因此，科学家们只能通过各种各样的化石去还原恐龙的模样。

实体化石

恐龙遗体直接形成的化石，主要是我们熟悉的骨骼化石。在极低温、极干燥的环境中，还有可能存在留有软组织结构的恐龙木乃伊化石，这类化石非常罕见。实体化石能拼凑出恐龙的身体形态。

遗迹化石

恐龙的脚印、巢穴、粪便、蛋等形成的化石。遗迹化石能告诉我们恐龙是如何生活的。

印痕化石

恐龙的羽毛、皮肤等在岩层中留下的印痕也会形成化石。虽然印痕化石并非恐龙实体的遗存，但也有助于我们了解恐龙的真实外貌。

3 地球与宇宙科学

化石哪里寻

地球那么大，并非所有地方都能找到恐龙化石。恐龙化石会出现在什么地方呢？一般情况下，存在恐龙化石的地方需要满足三个条件。

曾经是水源地

到目前为止，大多数恐龙化石的发现地，在恐龙生存的时代都是江河湖海等有水的地方。

一方面，恐龙的遗体容易随着水流被带入水体中沉积；另一方面，恐龙的遗体在水中更容易形成化石——它们会在被破坏前，由水底的泥沙掩埋起来，然后慢慢腐坏，直到只剩下骨头。这些骨头又被层层掩埋，最终成为化石。

有丰富的沉积岩

沉积岩，是在亿万年中，由一层一层的泥沙或火山灰等沉积物积累而成的岩石，恐龙的遗体就夹杂在这些沉积物中。

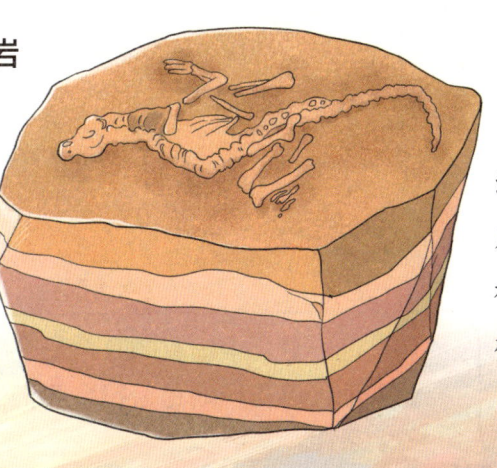

随着地壳运动，一些沉积岩被抬出地表。由于风、水等不断侵蚀，或是被人类挖掘，恐龙化石、植物化石等就有可能暴露出来，被人们发现。

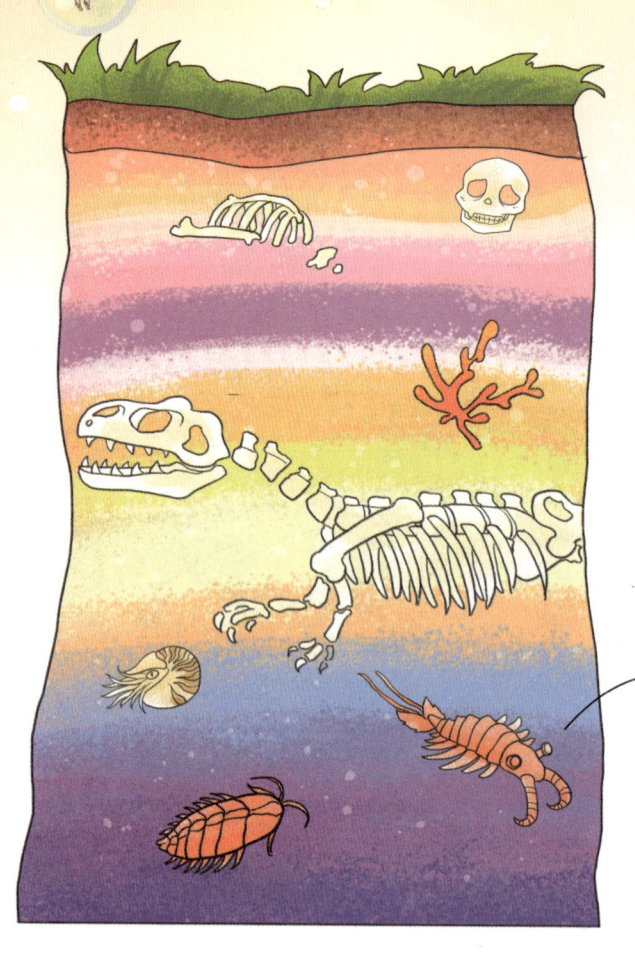

岩石的年龄要合适

岩石也是有年龄的。在形成时间早于2.5亿年前或晚于6 500万年前的沉积岩中，我们很难找到恐龙化石，因为恐龙仅存在于2.5亿年到6 500万年前这个时间段里。如果在年龄晚于6 500万年的沉积岩里发现了化石，那多半是鸟类或是哺乳动物的。

在地球演化的漫长历史中，会形成不同的地层。一般情况下，地层的年龄从下往上递减。不同时代的地层中会保存不同时代的古生物遗体、遗迹等。

发现恐龙化石之后，人们会先将它从岩石中清理出来，然后根据情况进行修补。如果化石"缺胳膊少腿"，科学家们需要用模型来替代缺少的部分。这些工作完成之后，如果条件允许，它们就会被组装起来，成为我们在自然博物馆里看到的一具具威武的恐龙化石！

查一查，中国有哪几个恐龙化石的重要产地，这些产地是否符合我们所描述的三个条件。

科学拓展

挖掘化石的步骤

要将恐龙化石从坚硬的岩层里发掘出来，可不是一件容易的事情，通常需要完成四个重要的步骤。

1. 大石用力凿

化石往往藏在沉积岩内部，我们一般可以用锤子或凿子将岩石凿开。在一些大型发掘现场，还能看到电锯甚至挖掘机前来助阵。不过，使用机械或动力工具挖掘化石，在我国需要提前经过有关部门的允许，否则就是违法行为。

2. 小石慢慢敲

敲凿小石块，有专门的工具——地质锤。地质锤一头方一头扁，方的一头用来敲打岩石，让它产生裂缝或碎裂；扁的一头用来顺着裂缝撬开岩石。使用地质锤时要注意力道，否则化石可能会被敲碎。

3. 碎屑轻轻去

如果发现了岩石中的恐龙化石，需要用小凿子和刷子一点一点地去掉化石周围多余的石块。这个过程往往要持续好几周，需要耐心和细心。

4. 化石小心护

化石出土后，需要立刻保护起来。我们可以在它的表面涂一层特殊的化学溶液，或是用石膏将它裹起来。之后，化石会被运往实验室进行进一步清理和研究。

科学实践

制作"恐龙化石"

人类了解远古生物的重要途径是化石。化石的形成需要上万年的时间，但我们也可用身边的材料制作一个简单的化石模型。

实验器材

冰激凌盒1个、搅拌棒1根、细沙、石膏粉、牙刷1支、塑料恐龙模型1个、玻璃杯1个。

操作步骤

1. 往冰激凌盒中平整地装入半盒细沙，并将恐龙模型压入细沙中。

2. 将恐龙模型小心取出，得到一个完整的凹槽模具。

3 地球与宇宙科学

3.往玻璃杯中倒入清水，再倒入石膏粉，搅拌均匀。水与石膏粉的重量比例为100∶28。

4.将石膏溶液缓缓倒入恐龙模型造成的凹槽，直至灌满整个细沙冰激凌盒。

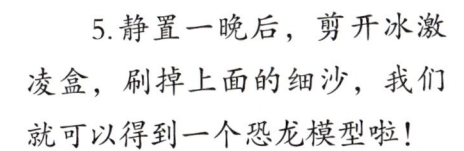

5.静置一晚后，剪开冰激凌盒，刷掉上面的细沙，我们就可以得到一个恐龙模型啦！

注意事项：

1.石膏粉会飞溅，且具有一定腐蚀性，因此在调制石膏溶液时，需要佩戴护目镜、口罩和手套。

2.在取出恐龙模型时，可用小工具先撬起一端，这样更容易得到模型。

实验进阶：

1.寻找不同的材料替代细沙和石膏粉。

2.尝试做一个植物化石。

3.用颜料给你的化石涂上做旧的颜色吧！

科学启迪

恐龙化石将我们带回了属于恐龙的远古时代，化石背后可藏着不少知识呢。通过阅读这一主题，我们了解了：

1. 恐龙化石根据不同的特征被分为不同的类型，平时，我们了解较多的、最常见的是实体化石中的骨骼化石。关于科学知识，我们了解得越深入，就越能发现更多有趣的内容。

2. 恐龙化石埋藏的地点有其特殊的规律，掌握了这个规律，我们就更容易找到恐龙化石。与之类似，很多科学研究都包含了寻找规律、发现规律和利用规律的过程。

3. 从被发现到被展出，恐龙化石要经历多道工序才能出现在博物馆里，这其中包含了很多科学家和相关工作人员的默默奉献，他们都值得我们尊重和学习。

3 地球与宇宙科学

火星奇妙大冒险

2021年，"天问一号"探测器携带我国首辆火星车"祝融号"成功在火星着陆。这标志着我们对火星的探索又前进了一大步。

安奇奇，我的星空快递什么时候能到目的地？

预计7个月后能到。

为什么人类执着于向着火星出发呢？火星与地球之间又有怎样的不解之缘呢？

地球的"姐妹星"

在太阳系八大行星中，火星的公转轨道排在第四位，算是"老三"地球的"姐妹星"。身为"姐妹"，火星和地球有很多相似的地方。

自转轴倾角角度相近
地球自转轴倾角约为 23.44°
火星自转轴倾角约为 25.19°

自转周期相近
地球自转周期：23 小时 56 分 4 秒
火星自转周期：24 小时 37 分 22.7 秒

都有卫星
地球的卫星：月亮
火星的卫星：火卫一与火卫二

除此之外，火星也和地球一样，有着寒来暑往的四季交替。只不过，因为火星公转周期是 687 天，约为地球公转周期的两倍，所以在火星上，每个季节的时长也约为地球季节时长的两倍。

因为火星有两颗卫星，我们在火星上有可能看到"二月当空"的奇景。

除火星之外，太阳系还有与地球相似的行星吗？查查相关资料吧！

3 地球与宇宙科学

虽然火星与地球有许多相似之处，但是它的整体环境与地球相比还是有很大区别。

"姐妹"大不同

让我们从以下几方面来看看：

火星直径：约为地球的1/2。

火星质量：约为地球的1/9。

火星重力：约为地球的2/5。

火星气温：年平均气温低于-46℃，且昼夜气温波动较大。

火星大气：大气压力只有地球的1%左右。火星大气气体成分虽然和地球大气成分类似，但含量最高的是二氧化碳，氧气占比微乎其微。

火星地表：主要被赤铁矿覆盖，整体呈现红色。具有河道，但早已干涸。火星极地附近存在由水冰和干冰组成的冰川。

尽管火星环境恶劣，人类无法直接在那里生存，但它具有改造利用的价值与潜力。科学家相信可以在火星表面改变局部地表环境，从而建立适宜人类生存的星际移民点。

从地球到火星

把"天问一号"从地球送到火星可不是一件容易的事儿，比起发射环绕地球运行的卫星或空间站，至少需要科学家们克服两大难题。

难题一：从地球轨道到火星轨道

"天问一号"既需要摆脱地球引力，又要保证恰好被火星轨道捕捉。为满足条件，在发射"天问一号"前，科学家们必须进行多项精密测算，且需在特定的时间范围内将其发射，若错过这个时间窗口，则需要再等两年多的时间。

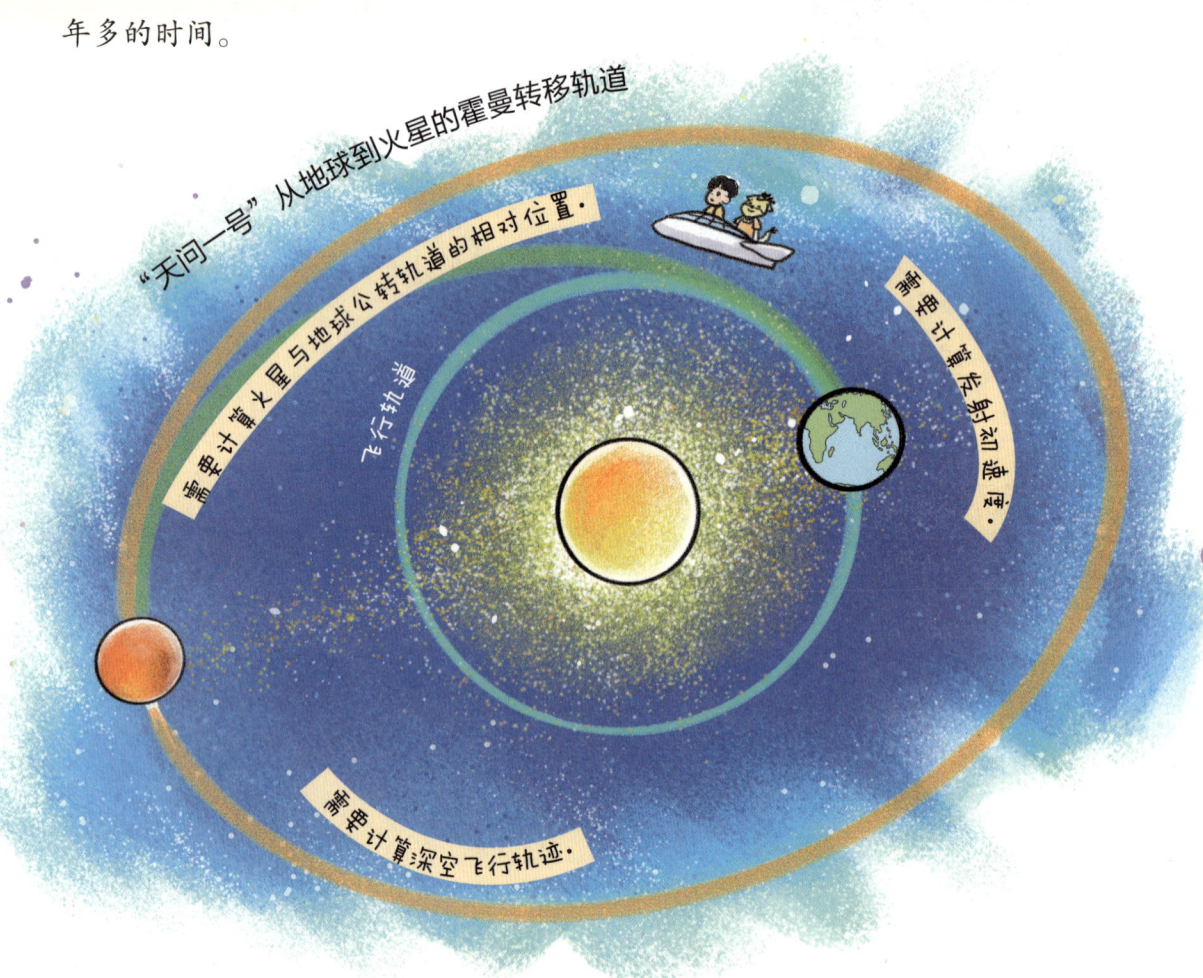

"天问一号"从地球到火星的霍曼转移轨道

需要计算火星与地球公转轨道的相对位置。

飞行轨道

需要计算发射初速度。

需要计算深空飞行轨迹。

难题二：在火星软着陆

"祝融号"火星车为实现在火星地表的软着陆，需要在7分钟之内经历气动减速、伞降减速、动力减速和着陆缓冲四个阶段。每一个阶段都需要探测器精确严密地执行相应的控制指令，稍有延迟就会损毁。

当然，最终结果大家都知道了，我国科学家完美地解决了包括这两大难题在内的所有问题，"祝融号"火星车成功地在火星地表展开了它精彩奇妙的冒险。

科学拓展

火星旅游攻略

你有没有想过，如果有机会坐在"祝融号"火星车里，成功登陆火星，该去火星上的哪些"必打卡景点"看一看呢？

火星南北极

火星的两极都覆盖着白色的极冠，就像一块球状的熔岩蛋糕两端覆盖着白色的奶油，非常醒目。极冠会随着季节的更替而消长。

奥林帕斯山

奥林帕斯山是火星地表的第一高山。它是太阳系已知的最大的火山，比我们地球的珠穆朗玛峰还要高。

蓝色夕阳

在火星大气的作用下，光线会发生散射现象。当太阳靠近火星地平线的时候，我们会看到太阳旁边散发出蓝色的光芒，非常壮观。

科学实践

模拟弹伞

在"祝融号"成功着陆火星的过程中,准时地、一次性地弹出并完全展开降落伞非常重要。现在,就让我们来尝试做一个简单的弹伞实验吧!

实验器材

塑料袋1个、剪刀1把、麻绳、螺帽1个、细木棍1根、直径大于细木棍的空心圆筒1个、皮筋1个、强力胶1支、硬卡纸1张。

操作步骤

1. 用强力胶把皮筋牢牢固定在空心圆筒的一端。

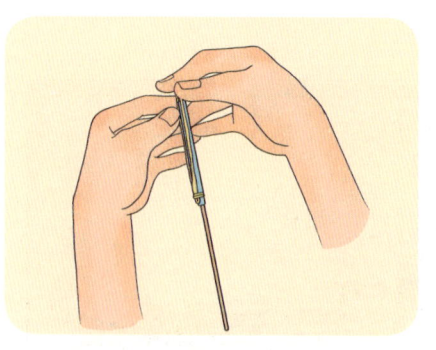

2. 将套好皮筋的空心圆筒穿过细木棍,并把皮筋自由的一端拉直,卡在细木棍顶端。

3 地球与宇宙科学

3.一手捏住固定有皮筋的细木棍顶端，一手拖动空心筒，使其可在木棍上弹性滑动。

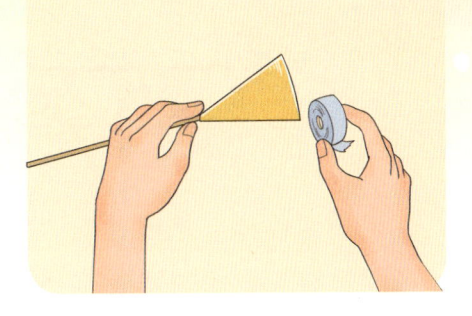

4.用硬卡纸做一个锥形筒，并用透明胶将其固定在细棍没有套皮筋的一端。

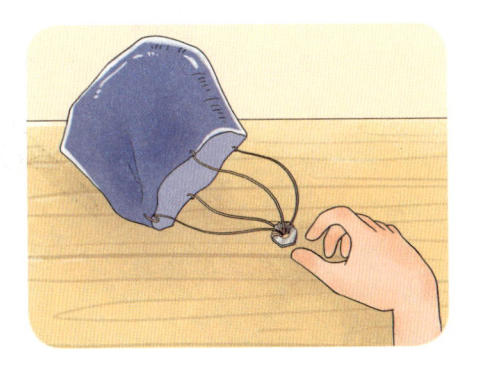

5.用麻绳、螺帽、塑料袋做一个简易的降落伞。

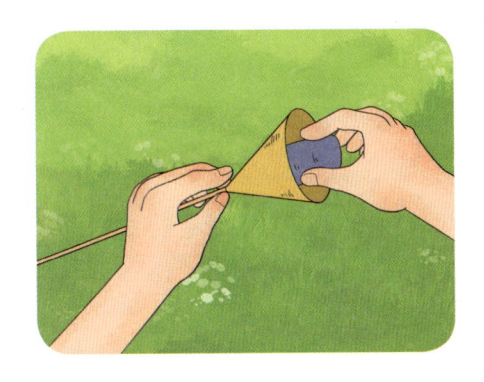

6.到空旷的室外，把降落伞卷成筒状，放入锥形纸筒中。

7.左手将空心圆筒拉至锥形筒一端，右手放开细木棍。看看你的降落伞能否弹出并顺利打开吧！

实验说明：

航天器中所使用的降落伞是用特殊材料制成的，形状、结构也与普通的降落伞有很大差别。在展开的过程中，航天降落伞需要借助弹伞筒中火药燃烧产生的高温气体弹出。试试在实验中使用不同材质的材料制作降落伞，并想办法增强弹伞筒所能提供的动力。

科学启迪

火星称得上是地球的"邻居",我们对这位"邻居"的了解因为航天技术的发展拉开了帷幕。通过阅读这一主题,我们了解了:

1. 探索火星并不是一件简单和容易的事情,需要强大的经济实力和科技力量做后盾,而这些都离不开国家的强大。我们要努力丰富自己的科学知识,提高各项能力,为祖国的建设和发展添砖加瓦。

2. 人们对火星的未来充满期待,期待有一天能将火星也变成人类的家园。这种期待就像接力棒一样,在一代又一代的科学家之间传递。你会成为下一个接过接力棒的人吗?

3. 从地球到火星,飞行器的每一步运动都需要经过精密的计算和推演,不能出一点儿差错。科学的发展,离不开严谨推演和专注探索。

3 地球与宇宙科学

恒星并不"永恒"

在每一个晴朗的夜晚,我们抬头仰望浩瀚的星空时,可曾想到,那些来自宇宙远方、闪闪发光的小精灵们背后也有故事呢!

我们在夜晚能够用肉眼观察到的星星，其中绝大部分的真面目，是一颗颗像太阳一样的大"火球"，也就是天文学家口中的恒星。虽然它们叫恒星，但却并不永恒。

位置不永恒

为什么给它们取名恒星呢？因为在古代，由于科学水平有限，人们以为这些星星是永恒地固定在天空中的某个位置上，不会变化。

随着科技的进步，天文学家们早已可以通过各种高科技手段一睹恒星真容，并通过对它们的研究，得出恒星其实并不"永恒"的结论。

恒星与我们相隔遥远，离太阳系最近的比邻星，也与我们隔着约4.22光年的距离，因此在人们的眼中，这些恒星似乎是恒定不动的，但实际上包括太阳在内，所有恒星都在宇宙中不停地运动着。

以我们非常熟悉的北斗七星为例，如果以10万年为单位，就会发现这七颗星的相对位置发生了巨大改变。

10万年前　　现在　　10万年后

寿命不永恒

恒星是由氢、氦以及一些微量的其他元素构成的巨型球状星体，体积都非常大。太阳在恒星家族中也只是个毫不起眼的"小兄弟"。目前人类观测到的最大恒星史蒂文森2-18，它的体积是太阳的上亿倍。

但是，这些宇宙中的"巨人"，除了位置不永恒之外，寿命也并非永恒。

我们之所以能看到许多光年外的恒星在发光，是因为它们在不停地进行核聚变。

核聚变产生大量的光和热，让恒星看起来就像熊熊燃烧的巨大火球。

但核聚变会消耗构成恒星的氢、氦之类的元素。

红巨星（恒星的一种演化阶段）

一旦构成元素被核聚变消耗殆尽，恒星的生命就即将结束。

所以恒星其实一直在燃烧自己的生命。

虽然恒星并不永恒，但是其寿命都非常漫长，哪怕寿命相对较短的恒星，也能燃烧几百万年。为我们无私提供光与热的太阳，据估计寿命有100亿年，而它现在大概46亿岁，正处于"壮年"。

星星们的名字

无论东方还是西方,在古代都有负责观测星空的官方机构和职员。要观测、研究那么多的星星,不给它们起名字可不行,所以古人们很早就开始做给星星起名这件事了。

古巴比伦

占星家把天幕划分成大小不等的许多区域,再根据每个区域里的星星排列出来的形状进行"脑补"命名。比如这片区域的星星排列形状像狮子,就叫它"狮子座"。

古希腊

古巴比伦的星座命名法后来传到了古希腊,古希腊人加入了更多与古希腊神话相关的星座名,那时候的星座划分与命名已经非常接近现代了。

中国古代

我们的祖先有一套自己的星星命名体系。例如二十八星宿,就是把黄道附近的星星按照不同方位分成28组,并分别命名。此外,一些辨别度比较高,或者位置特别显眼的星星,会被拿出来单独命名,例如牛郎星、织女星、紫微星等。

到了现代,国际天文学联合会对星星进行了更精准、科学的划分。我们在地球上所看见的星星被精确划分到了88个星座区域中。

3 地球与宇宙科学

> 科学拓展

它们也能被看到

除恒星外，还有一些特殊的星星也能被肉眼观测到。

行星

我们可以看到位于太阳系内的水星、金星、火星、木星、土星、天王星。此外，位于火星和木星之间小行星带里的一颗小行星灶神星，在观测条件非常好的情况下也能被肉眼看到。这些本身不发光的行星之所以能入我们的"法眼"，是因为它们和月亮一样会反射太阳光。

流星

流星是运行在地球周围的体积不大的固体物质，它们被地球引力捕获从而坠落，在高速穿越地球大气层时摩擦燃烧，形成拖曳着明亮弧形光轨的流星。

彗星

彗星的主体叫彗核，是由冻结的冰物质构成。这些冻结的冰物质会不断蒸发，形成一道由气体与液体混合物所构成的"尾巴"。越靠近太阳，彗核的蒸发越强，"尾巴"也会越长。

科学实践

制作星空灯

想足不出户就能观测到星座？制作一个星空灯，你的愿望就能实现啦！

实验器材

A4大小黑卡纸1张、尺子1把、笔1支、手机1部、刻刀1把、锥子1个、双面胶1卷、剪刀1把。

操作步骤

1. 在卡纸上画出如上图所示的线条，并沿外侧线条剪开。

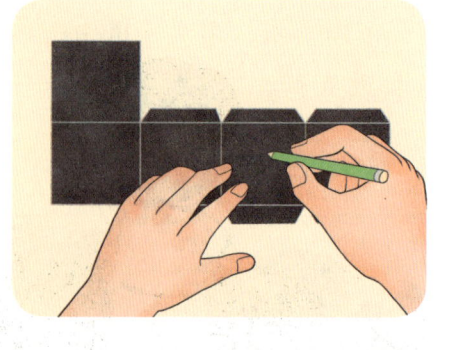

2. 用手机搜索星座图片，绘画在卡纸的五个小方块上。

3 地球与宇宙科学

3.绘画时需画出构成星座的恒星，以及与星座名称匹配的实物轮廓线条。

4.用锥子在画好的恒星上戳出较大的洞，用刻刀轻轻刻出星座图的轮廓线条。

5.五面图案处理完毕，沿线折叠卡纸，并用双面胶将其粘贴成一个方块形。

6.关闭房间灯光，打开手机的手电筒功能，罩上盒子，一个美丽的星空灯就制作完成了。

注意事项：

1.使用刻刀与锥子时需注意安全。

2.卡纸上的图案需完全镂空，星空灯才能呈现出较好的效果。

实验进阶：

1.有没有办法可以让星空灯转动起来呢？

2.查查资料，利用光的折射原理和简单的材料，做一个模拟三维立体图形全息影像的星光投影仪吧！

科学启迪

恒星并不永恒，它们也有着自己的演变历程。通过阅读这一主题，我们了解了：

1. 人们对恒星的认识，是一个随着科学器材和技术的发展而不断进步的过程。人类文明，正是在不断地发现问题并解决问题的过程中进步的。

2. 受时代的限制，有许多以前的科学知识在后来被证实是存疑的，甚至是错误的。不过，科学的发展是不怕错误的，怕的是墨守成规，不敢提出自己的观点和意见。

3. 正是因为有古人划分星座，并为之取名的基础，我们在今天观测星空时才能更容易地记住星星的名称和位置，这是人类智慧的传承。找机会好好观赏星空吧，和古人来一场跨越时空的对话。

3 地球与宇宙科学

这个湖泊真奇怪

我国最大的内陆咸水湖——青海湖，坐落在青藏高原的东北部。青海湖不仅面积巨大，还是一片"善变"的湖泊。一起来看看它的"善变"体现在哪些方面吧！

好美的青海湖呀！

一起来拍张游客照吧！

从开放到闭塞

如今的青海湖处于盆地当中，四周围绕着山体，是一个闭塞湖。但谁能想到，曾经的它也是开放的，而且与我国第二大河流——黄河，有过一段交往密切的友情岁月。

黄河发源于青藏高原上的巴颜喀拉山脉，原本和同在青藏高原的青海湖属于低头不见抬头见的邻居。

约 20 万年前

在黄河从巴颜喀拉山脉风风火火地向东奔赴大海的旅途中，总忍不住会去青海湖那里"串门"。那时候青海湖与黄河是互相连通的，还会交换彼此的水体。

约 13 万年前

一场剧烈的地壳运动改变了青藏高原的面貌：一些地方塌陷成深谷，另一些地方隆起变成高山。在这一次沧海桑田的变化中，青海湖连通黄河的河道被隆起的高山所阻挡。

就这样，青海湖逐渐与黄河断了联系，演变成了"孤独"的闭塞湖。

3 地球与宇宙科学

闭塞，就是之后的漫长岁月中，造成青海湖"善变"的主要原因。

从淡到咸

当青海湖变成闭塞湖之后，没有了黄河水的流入，其获取水的途径减少，只能主要依赖于以下几点：

1. 周边高原雪水与冰川水汇入。

2. 湖面及附近的大气降水。

3. 周边水域与地下水流入。

由于身处特殊的地理位置，又受高原大陆性气候的影响，青海湖所在地区日照强烈且时间较长，大风终日不歇，气候干燥，这使得青海湖的湖水以蒸发的形式飞速流失。另外，青海湖海拔较高，水汽难以攀爬到这里降落，降水量也较少。

综合这两大因素，在整个青海湖的水循环体系中，流失的水量远远大于获取的水量，再加之人为因素导致的水体流失，青海湖的水位越来越低，盐分浓度越来越大。在我们看来，它收缩了，也变咸了。

这不禁让人感到焦虑，长此以往，如果青海湖就这样消失了，可怎么办才好？

从少到多

不过，奇怪的是，近年来原本缩小的青海湖又有了新的变化趋势，它开始"膨胀"，水量增多了。这背后的主要原因又是什么呢？咱们还得从正反两面来看。

正面影响

综合治理沙漠化土地、加种植被、扩张湿地面积……这些举措有效地为青海湖带来了良性变化，湿度增加，降雨增加，蓄水量也得到了增加。

反面影响

另一个令人遗憾的原因，是温室效应导致全球平均气温升高，冰川与积雪的融化速度加快，水流加量汇入青海湖。

靠着这些补给水源，青海湖水量"入不敷出"的状况有所改变，因此水位上升，面积开始重新扩大，甚至淹没了周边地区一些地势较低的沙丘，形成了"水上沙漠"的奇观。

无论青海湖萎缩变"咸"，还是重新膨胀变"胖"，自然界中的水循环都起着重要的作用。我们需要做的，就是维持青海湖区域水循环稳定、健康、平衡的状态。

科学拓展

咸水湖"家族"

除青海湖以外，我国还有其他的咸水湖。它们与青海湖有什么共同之处？又有哪些差异呢？

茶卡盐湖

在距离青海湖仅几十千米的地方，还有中国另一片有名的咸水湖，它就是茶卡盐湖。虽然论大小，它比不上青海湖，但如果要比谁更"咸"，它却稳操胜券。要问茶卡盐湖"咸"到什么程度，把一个鸡蛋丢进湖里，鸡蛋都能漂浮起来！

色林错

色林错是西藏第一大湖泊。它与青海湖最大的相似之处，便是也处于不断地"膨胀"中。近40年来，色林错的面积增长了40%左右，成功跻身为我国第二大咸水湖，但也因此带来了一系列亟待解决的环境问题。

乌伦古湖

乌伦古湖位于新疆准噶尔盆地北部，这里的植物与鱼类的种类非常丰富，河鲈、银鲫、贝尔加雅罗鱼等经济型鱼类给当地人带来了不错的收益。但是由于湖面水位下降，乌伦古湖正面临着巨大的生态挑战。目前，这里的引水工程正在有规划地进行着。

科学伴我成长 ⑤

科学实践

模拟水循环

在太阳辐射、地球引力等作用下,大自然无时无刻不在进行着水循环。让我们一起利用身边的常见物品,模拟制作小型水循环生态圈吧!

实验器材

小杯子2个、大号空罐2个、营养土1袋、带根的草本植物1株、保鲜膜、冰块。

操作步骤

1.将营养土分别倒入两个大号空罐中,占满罐中体积的二分之一。

2.在其中一个大号空罐的营养土中种植一株草本植物。

3 地球与宇宙科学

3.往两个空罐的营养土中浇适量、等量的水。

4.在小杯子中装满水，一半埋入大号空罐的营养土中。

5.在两个大号空罐罐口处蒙上保鲜膜，放到有阳光的室外，静置一昼夜。

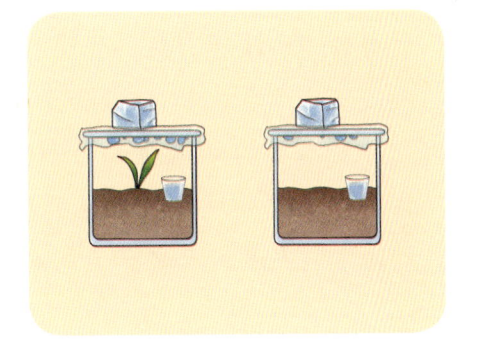

6.将两块冰块分别轻轻放在保鲜膜上。

实验说明：

当在保鲜膜上放上冰块后，模拟水循环的罐子中会下起"雨"，"雨水"降落到土壤和"杯子湖泊"中，又会通过蒸发和植物蒸腾再次凝集。观察一下，哪个罐子中的"雨"更大。这是为什么呢？

实验进阶：

1.用小石块、泥土、沙子进一步模拟真实的土地状态。
2.想办法制作藏在营养土中的"隐藏款"地下水源。

科学启迪

青海湖的变迁只不过是地球环境变化的一个小小缩影。通过阅读这一主题，我们了解了：

1. 和青海湖一样，宇宙中的事物都处在不断地发展和变化中，我们要用发展的眼光看待问题，善于发现事物变化背后隐藏的规律。这些规律既是促进科学发展的重要动力，又是我们利用自然和改造自然的保障。

2. 人类的活动对青海湖的变化有着不小的影响。人类尊重自然，爱护环境，科学地处理环境问题，青海湖的环境就会往好的方向发展；反之，青海湖则有可能逐渐从地球上消失。

3. 绿水青山就是金山银山，为了保护环境，我们的国家一直在努力。作为社会主义事业的接班人，我们应该树立爱护环境的意识，从身边做起，从小事做起，做环境保护的正义卫士。

4 | 跨学科应用

"码"上有秘密

如今生活中有很多条形码、二维码，它们有着各种不同的用处。明明只是一些线段或方块，这些"码"中到底藏着什么秘密呢？

> 扫扫二维码，进入智能生活。

> 不知道这个二维码背后隐藏着哪一类信息？

各式各样的"码"勤勤恳恳地承载着多种多样的信息。它们的出现源自人们对及时传递信息的不懈渴望。

"码"的由来

古代

在那个交通、通信均不发达的时代,"烽火狼烟"已经是非常快的信息传递方式了。

近代

大约在19世纪,莫尔斯电码被发明出来,人们用一长一短两种电信号的组合来代表不同的字符,并以此远距离传递信息。

现代

一位科学家灵光一现,用可宽可窄的线段代替莫尔斯电码的长短信号——如今常见的条形码诞生了。它记录、传递着各种各样的信息。

4 跨学科应用

条形码,又称一维码,我们在超市结账时最常见到。只要用激光读码器(扫码枪)对着条形码一扫,立马就能在收银机上看到商品的相关信息,如名称、价格、库存数量、进货时间等。这既方便了顾客,又有助于收银员提高工作效率。

条形码纵然实用,但它能记录的信息量很有限。如果人们想记录更复杂的内容,便捷地读取更丰富的信息,一维的条形码就显得无能为力了。这时,二维码闪亮登场!

二维码因其由大大小小的二维方块构成而得名。

每一个"白色"的小方块代表0,"彩色"的则代表1。

它们组成的图案可以承载能被计算机识别的特定信息。

不同的图案可以传递不同的信息。因此,二维码能够记录各种类型的信息。

目前常见的二维码主要有汉信码、快速响应矩阵码(QR码)和数据矩阵码(DM码),虽然它们在信息容量、加密及解密水平等方面有一定区别,但都有着数据存储量大、容错率高(部分损坏不影响读取)、空间利用率高(最小仅指甲盖大小)的优势。

115

二维码的大用途

具体说来，二维码常见的用途可以分为四大类。

物品标识

一个条形码通常对应的是一个品类的商品，而二维码可以做到一物一码。因此，二维码可以被广泛应用于快递物流信息追踪、商品防伪溯源、资产清查等方面。

电子凭证

常见的付款码、医保码、优惠券码都是电子凭证，用于进行线上和线下之间人或事的身份确认。

存储文本

二维码可以存储一定的文本，在不联网的情况下，扫描后也可展示相关信息。但如果文本中文字太多，二维码的黑白方块将非常密集，就不易被扫描识别。

跳转节点

二维码还可以存储网址。我们在关注公众号、下载移动应用、使用小程序时，都用到了这个功能。

二维码给我们带来了便利。它是否有安全隐患？使用二维码时应该注意些什么？

苏州码子

如同用扫码枪扫描条码便能得到商品信息，我国古人看一眼图中这些"张牙舞爪"的苏州码子，也能立马在脑海里反映出一串数字，这些数字代表着价格、数量甚至门牌号。

一角三分　　一元八角　　五万零六百八十三号

乍一看有些怪异的苏州码子，也叫作花码或者草码，是一种早期流传于我国民间的商业数字，也是一套科学、成熟的记数符号。苏州码子形成于南宋，成熟并广泛应用于明清，直到阿拉伯数字传入并普及后，才渐渐地被人们冷落。但直到今天，我们还是能在某些旧门牌、旧车站处偶尔找到它的身影。

数字　1 2 3 4 5 6 7 8 9 10

汉字　一 二 三 四 五 六 七 八 九 十

苏州码子　〡 〢 〣 ✕ 〥 〦 〧 〨 〩 十

苏州码子的"〡 〢 〣"和我们现在的汉字"一、二、三"看起来很像，可实际上却有所不同。现在，大家不妨试着用苏州码子来表示一下自己的生日数字吧！

科学实践

"码"上传书

平日，都是我们扫描他人制作好的二维码，要是我们也想通过二维码向别人传递信息呢？一起来动手试试吧！

实验器材

手机1部、电脑1台。

操作步骤

1. 用电脑或手机搜索二维码生成网站，注册登录。
2. 在网站的信息转化框中输入你想传递的信息，点击"生成二维码"按钮。
3. 对二维码进行个性化装饰。
4. 将生成的二维码发给亲朋好友，请他们扫码，收取你的信息。

4 跨学科应用

5. 尝试传递几组相同类型、不同容量的信息，测测扫码的反应速度。

简单的一段文字

10 秒钟的音频

超过 800 字的文章

1 分钟的音频

1 张网络图片

10 秒钟的视频

10 张高清拍摄图片

1 分钟的视频

6. 用一张纸片挡住二维码的一角或是一边边缘，然后扫码，看看二维码的极限遮挡值是多少。

实验说明：

1. 查一查，试一试，看看扫码反应速度除了受网络状态、二维码清晰度影响之外，是否还与所传递的信息量有关。

2. 二维码具有一定容错率，即便小部分被遮挡，也能被扫描识别。但由于种类不同，各种二维码的遮挡识别率也不同。

科学启迪

以二维码为代表的各种"码",让我们的信息传递更加迅速,生活变得更加便利。通过阅读这一主题,我们了解了:

1. 二维码不是凭空出现的。它的诞生,既是科学技术不断发展的结果,也是对前人经验的有效总结。

2. 二维码的出现,与人们的现实需求息息相关。人们的需求在一定程度上推动了科学技术的发展和进步。

3. 在生活中,二维码已经非常常见。你想过要去了解它吗?试着去挖掘生活中常见事物里深层次的知识,我们的科学素养将在这样的了解中不断提升。

4 跨学科应用

轮子转转转

在日常生活中，轮子似乎是随处可见、普通得不能再普通的东西。其实，它可是人类历史上了不起的发明之一！

人类通过轮子让物体"滚动式"前进，极大地提升了运输效率，生产力因此得到突飞猛进的发展。那轮子是怎样被发明的呢？

轮子的发明史

轮子可以算早期人类脱离对生物的简单模仿，更深刻地理解自然规律后的产物。轮子的发明也是分阶段的。

滚木为轮

最初的"轮子"可以追溯到石器时代。人们为了省力，将多根粗细相同的圆木并排放置在重物下方，再由人力或者牲畜牵引。重物靠着圆木排的滚动前进。

古埃及人修建金字塔也是使用了这种方式，才能搬运重达数十吨的石块。

把轮轴机械结构安装在坚固稳定的载物平台上，最早的"车辆"就诞生了。

轮与轴

用圆木排滚动运送重物，虽然省力不少，但是依然存在很多弊端。例如圆木笨重，在运输过程中难以调整方向。

古人通过实践与摸索，把"圆木轮"改造成由细圆木杠连接圆盘所组成的轮轴机械结构。轮运转时，带动轴一起转动。

4 跨学科应用

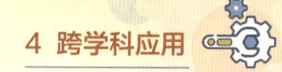

更轻便灵活

接着，古人又想出了新的方法对轮和轴进行改进。

人们把实心的车轮掏空一部分，这种构造更加轻便。

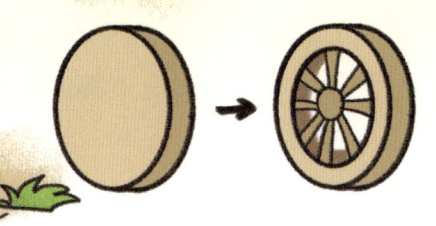

早期，轮与轴一起转。

改良后，轮转轴不转。

实现转向

下一步，人们又把"轮与轴一起转"，变成"轮转轴不转"的结构，让转动更灵活，并在运动过程中实现了转向。

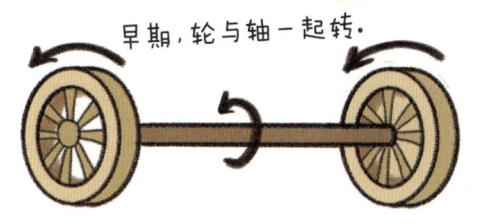

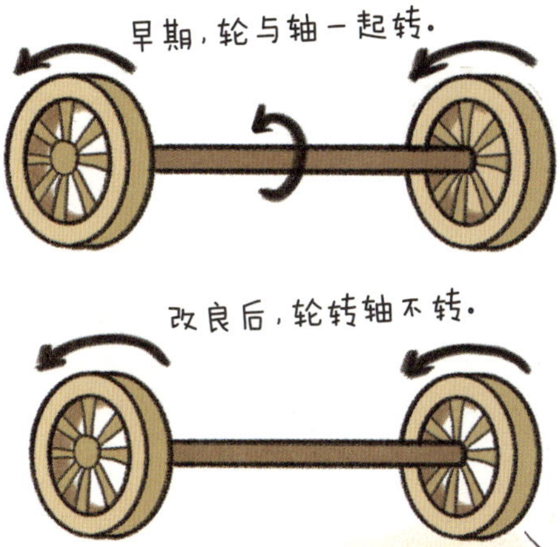

车轮进化

再后来，人们在车轮外圈包裹上具有弹性的材料，从古代的蒲草、皮革，到现代的橡胶轮胎，车轮减震效果得到显著提升，行进也变得更加平稳。

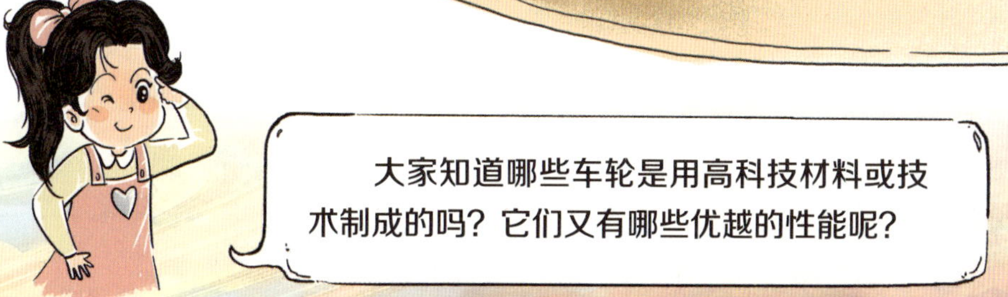

大家知道哪些车轮是用高科技材料或技术制成的吗？它们又有哪些优越的性能呢？

"轮子"大家族

"轮子"家族，不仅有在交通与运输上大展身手的车轮，还有众多成员，它们在人类科技工程发展史上都占有一席之地。

轮轴

车轮实际就是一种轮轴结构，但人类对轮轴的运用可不仅局限于车轮。方向盘、门把手，还有我们在放风筝或者钓鱼时用来拉线的绞盘，都属于轮轴。它是一种省力的机械结构。

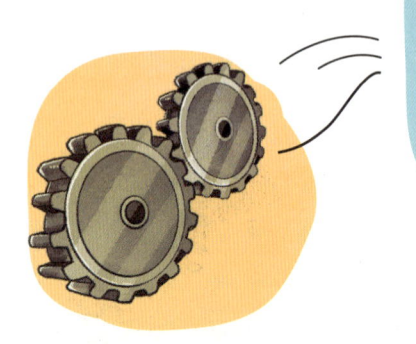

滑轮

滑轮分为定滑轮与动滑轮，前者能改变力的方向，后者能改变力的大小。由多个不同种类滑轮组合起来的滑轮组，能完成很多复杂的工程操作。

齿轮

多个齿轮可以通过"齿"互相咬合在一起。当其中一个齿轮开始旋转时，便可带动其他齿轮一起旋转。齿轮在人类工程科技的发展中，一直是传导动力的重要零件。

涡轮

涡轮是周身均匀长满扇形叶片的轮子，早期在水车或风车中能看到它的身影。当持续的流体（如水流、气流）经过涡轮的叶片时，能带动其持续旋转，产生源源不断的动力。因此，涡轮常常出现在各种燃料发动机中。

4 跨学科应用

科学拓展

"轮子"与工业革命

人类从以农耕文明为主的古代社会进入现代社会，经历了三次工业革命，每一次，轮子都扮演着重要角色。

第一次工业革命，瓦特发明了高效率蒸汽机，轮轴便是蒸汽机里不可或缺的机械结构。

在蒸汽机的气缸中，与活塞连接的轮轴将巨大的蒸汽动力传输出去，带动其他机械运行。在那些由蒸汽机带动的庞大机械内部，更是需要许多排列复杂的齿轮进行力的传导。

第二次工业革命，内燃机与发电机的出现为人类提供了更高效的动力能源。

前面提到的"涡轮"被广泛运用于内燃机中，当内燃机中的燃料燃烧时，产生的气流能带动涡轮急速旋转，从而极大地提高内燃机的功率。发电机中最重要的部件之一——"转子"，也是一种轮轴结构的机械。

第三次工业革命，人类在计算机、新能源、空间技术和生化工程等领域取得了众多突破。这些现代化的高新科技，同样离不开轮子。

例如在化学与医学研究中的重要器材离心机，其工作原理就是依靠轮轴结构的转子高速旋转，产生强大的离心力，从而将混合在一起的物质分离开来。

面对第四次工业革命的澎湃浪潮，轮子也将在其中扮演重要的角色。

科学实践

省力大挑战

轮子真的可以省力或是改变力的方向吗？让我们在实验中找寻答案吧！

实验器材

图书1本、麻线1捆、弹簧测力计1个、空线轴2个、相同粗细长短的木棍5根、圆柱形铅笔4支。

操作步骤

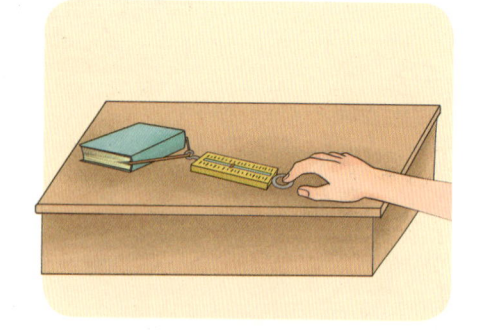

1. 用麻线穿过图书，用弹簧测力计牵引图书在光滑的桌面上移动，记录下数值。

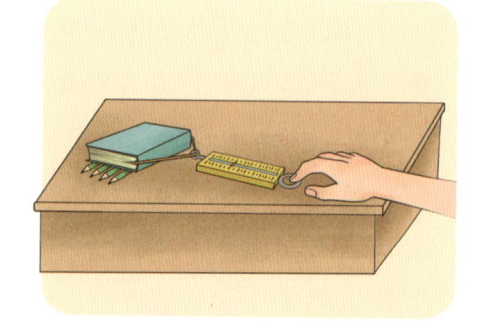

2. 把铅笔垫在图书下部，再次用弹簧测力计牵引图书移动，记录下数值。

4 跨学科应用

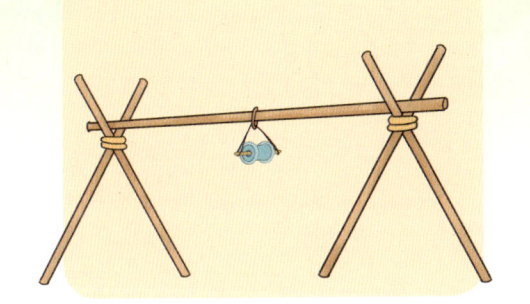

3.用木棍和麻绳搭建一个稳固的支架,并在横杆中心点用空线轴做一个定滑轮。

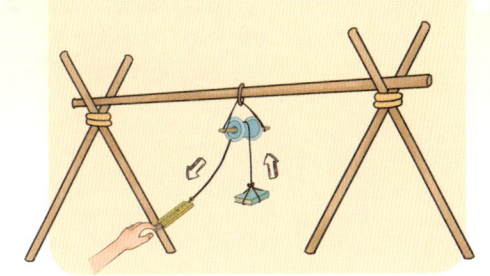

4.将图书捆绑起来,用弹簧测力计牵引其通过空线轴定滑轮上升,并记录下数值。

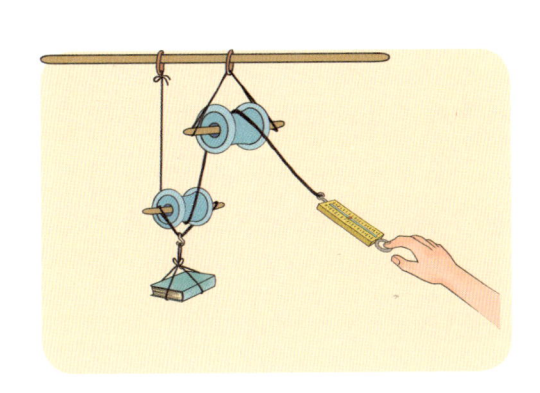

5.再加入一个空线轴,将两个空线轴制作做成如图所示的滑轮组。用弹簧测力计牵引书本上升,记录下数值。

实验说明:
比较每组弹簧测力计的数据,找出其中的规律。

实验进阶:
查查资料,尝试制作更复杂、更省力的滑轮组。

科学启迪

以轮子为代表的各种工具，既是人类的发明，又是人类文明进步的帮手。通过阅读这一主题，我们了解了：

1. 工具的发明和科技的进步是相互促进，相辅相成的。工具的发明推动社会进步和科技发展；科技发展又会促使新工具的诞生。

2. 发明工具，首先需要观察与学习，了解并分析解决问题的关键需求；接着需要思考与探索，想办法将抽象的需求变成具体的工具；最后是创造与创新，需要在已有工具的基础上，充分发挥想象力与实干精神，进一步对工具进行优化提升。

3. 从简单的木轮到复杂的涡轮，轮轴结构在我们的生活中起着非常重要的作用。试着在生活中发现和记录轮轴结构及用途，进一步了解这种用途广泛的机械结构。

4 跨学科应用

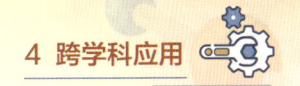

看不见的"X光"

在体检时,常常会有这么一个项目——X光检查。其实"X光"也可以叫作"X射线"或者"伦琴射线"。大家了解这种射线吗?

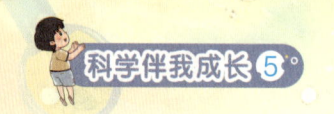

X射线之所以又叫伦琴射线,是因为发现它的人是一位名叫伦琴的物理学家,而关于X射线的发现,还有这样一段故事。

伦琴与X射线

在19世纪中期的欧洲,第二次工业革命为人类带来了新能源——电力。当时,各项与电学相关的研究成为科学界的主流。

伦琴在那个时期痴迷于用接通高压电后能释放出电子流的设备——阴极射线管,进行各种有趣的电学实验。

> 一天夜晚,伦琴在实验中发现了意外的现象:接通高压电后,一块距离阴极射线管一米多以外的荧光屏上出现了闪动的荧光。伦琴把荧光屏挪远,荧光依然存在。他又找来一些物品遮挡荧光屏,却发现,有些物品根本挡不住荧光!但当电源切断后,荧光就立刻消失了。

> 我知道啦!阴极射线管可能释放出了某种以前从未被发现的神秘射线!

为了"抓住"这种神秘射线,伦琴在接下来的一个多月时间内,废寝忘食地反复试验。他不断地调整荧光屏距离,在荧光屏前放置不同的障碍物,并仔细记录下每一次的实验结果。

4 跨学科应用

就这样，一个半月后，神奇的事情发生了。那天，伦琴说服了他的妻子协助完成实验：

把手放在阴极射线管前面，找到正确的照射位置。

稍等，我调整好了再拍。

咔嚓！

这也许是世界上最伟大的"照片"之一。

这是手的骨骼吧？

这个上面还有我戴的戒指！

因为在数学中，X 代表未知，所以伦琴把这种射线命名为 X 射线。人们为了纪念伦琴，又将 X 射线叫作伦琴射线。

实际上，在伦琴之前，观察到 X 射线相关现象的科学家不乏其人，但只有伦琴凭借敏锐的洞察力与坚持不懈的科研精神，最终成为 X 射线的发现者，并因此获得诺贝尔奖。

真正了解"X光"

在日常生活中，我们习惯把X射线称为"X光"。但是"X光"却是我们肉眼无法看见的。这其中的原理，要从它的实质说起。

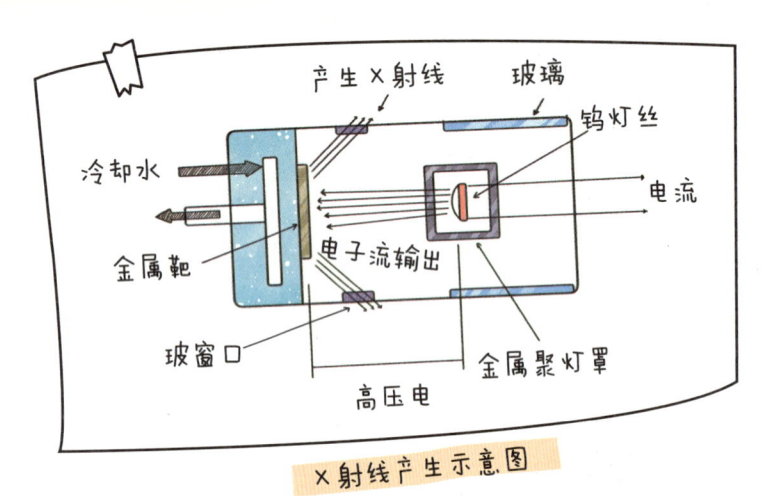

人类制造X射线，主要依靠高速电子流对金属进行剧烈撞击，在这一过程中，会产生频率极高的电磁波辐射，辐射出来的电磁波正是X射线。

X射线产生示意图

人类肉眼能够看见的光，其实和X射线一样，也是一种电磁波。它们与X射线的主要区别在于波长与频率。

能够被人类眼睛观察到的电磁波，波长在380～780纳米。

紫外线
X射线

X射线波长远小于人类肉眼的感光范围，自然不能被我们看到。

X射线除了不能被肉眼看见之外，还具备哪些特点呢？

科学拓展

神通广大的 X 射线

靠着高频、高能以及穿透性强的特性，X 射线在我们的现代科技中发挥着巨大的作用。

医学

可以检查出人体内部病灶的 X 射线计算机断层摄影设备，是利用了 X 射线穿透人体后可成像的特性。除此之外，X 射线还被用于杀死癌细胞的放射性治疗之中，被称为"光子刀"。

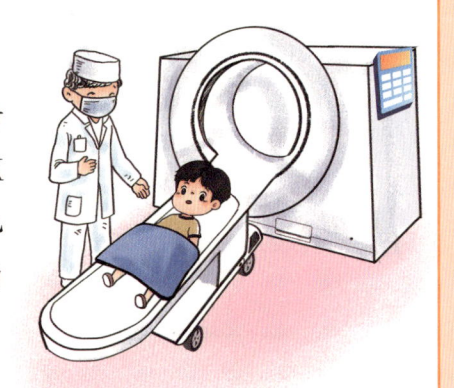

天文学

人类的科学研究，也需要"捕捉"来自自然界的 X 射线。天文学家通过在外太空设置 X 射线望远镜捕捉 X 射线，以此来观测一些释放高频电磁射线的特殊天体，以便对恒星的形成、黑洞，以及超新星爆发等天文现象进行研究。

物理学

固体物理学的科学家在研究中经常需要了解各种晶体内部的分子排列结构。X 射线因此成为固体物理学家们探索晶体内部世界的利器。

除此之外，在安全检测、工业探测、大分子生物结构分析、通信与遥感等领域，神通广大的 X 射线都有用武之地。

科学伴我成长 ⑤

科学实践

穿过蛋壳的"射线"

让我们用简单的道具,为鸡蛋做一次"射线检查"吧!

实验一

实验器材

手电筒1把、鞋盒1个、鸡蛋1个、剪刀1把。

操作步骤

1. 在鞋盒上用剪刀剪出一个比鸡蛋略小的圆孔,将手电筒打开,放入盒中,光束对准圆孔。

2. 关闭房间光源,拉上窗帘,让室内保持黑暗,将鸡蛋放在圆孔上,进行观察。

实验说明:

除X射线外,在特定环境下,肉眼可见的光束也能穿透鸡蛋,帮助我们看到鸡蛋内部的大致情况。

4 跨学科应用

实验二

了解电磁波

除了 X 射线之外，还有很多人类肉眼看不见的电磁波，它们也在各个科技领域被人们广泛运用。

操作步骤

通过日常观察与资料查询，填写下表。

电磁波名	频率范围	是否会伤害人体	主要应用
无线电波	___~___赫兹	是□ 否□	
红外线	___~___赫兹	是□ 否□	
紫外线	___~___赫兹	是□ 否□	
γ 射线	___~___赫兹	是□ 否□	

实验说明：

完成上表后，我们可以了解到电磁波的种类与它们的频率有关。当电磁波的频率比可见光更高时，就可能对细胞造成伤害。不同种类的电磁波被广泛运用于无线通信、遥感探测、远程控制、医疗卫生、农业育种等领域。这些看不见的电磁波为我们的生活带来了便利，共同推动了人类文明的进步。

科学启迪

你觉得，伦琴发现 X 射线，究竟是"偶然"还是"必然"呢？通过阅读这一主题，我们了解了：

1. X 射线的发现，虽然有一定的偶然因素，但更多的是因为伦琴的辛勤劳动和不懈努力。机会总是会眷顾有充足准备的人。

2. 从发现 X 射线到系统地利用 X 射线，这又是一个不断探索、发展、创新的过程。科学的发现只是开始，之后会有数不清的科学家和工程师默默奉献，让这些发现能够造福我们的世界。

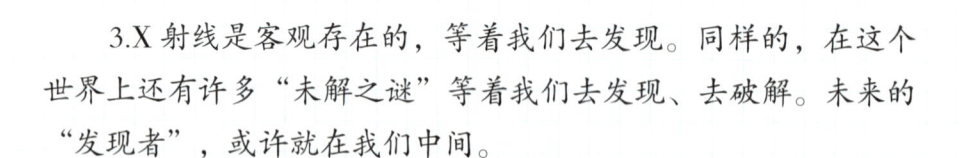

3. X 射线是客观存在的，等着我们去发现。同样的，在这个世界上还有许多"未解之谜"等着我们去发现、去破解。未来的"发现者"，或许就在我们中间。

4 跨学科应用

飞向"科技月宫"

设想一下，如果我们置身在没有空气的月球，而且随身携带的水、氧气和食物非常有限，能生存多久呢？

在外太空，我们也要想办法自给自足。

种菜、造氧、水循环，这些问题我们要一一克服！

在我国科学家的努力下,像科幻电影般的外太空生活也许不是梦——"月宫一号"为我们带来了希望。它是一个面积约160平方米、空间约500立方米的密闭实验室。在没有外界提供水、氧气、食物的情况下,实验人员在里面生活了上百天。

从密室到太空

北京航空航天大学做的"月宫一号"实验,共进行了两次:

> 2014年进行的第一次实验,3名实验者在与世隔绝的"月宫一号"里生活了105天。
> 2018年进行的第二次实验,8名实验者分三批在里面共生活了370天。

为什么要进行这样的实验呢?想必你已经从"月宫一号"的名字得出了答案。

未来,如果人类要移民月球、移民火星,就要克服没有氧气、物资匮乏等困难。

在"月宫一号"的实验中,我们也会面临这些困难。

科学家们似乎已经想出了解决方法。

4 跨学科应用

"月宫一号"通过生物技术与工程技术等手段，用植物、动物、微生物等组成一个人工生态循环系统，模拟地球生活场景。我们在外太空生活所需的氧气、水、食物，都通过这个人工系统完成。

生命的诉求

要想弄明白人如何能在完全密闭的空间里生活，我们就要先知道人类生存所需的必要条件。

"月宫一号"的工作人员做过如下测算：

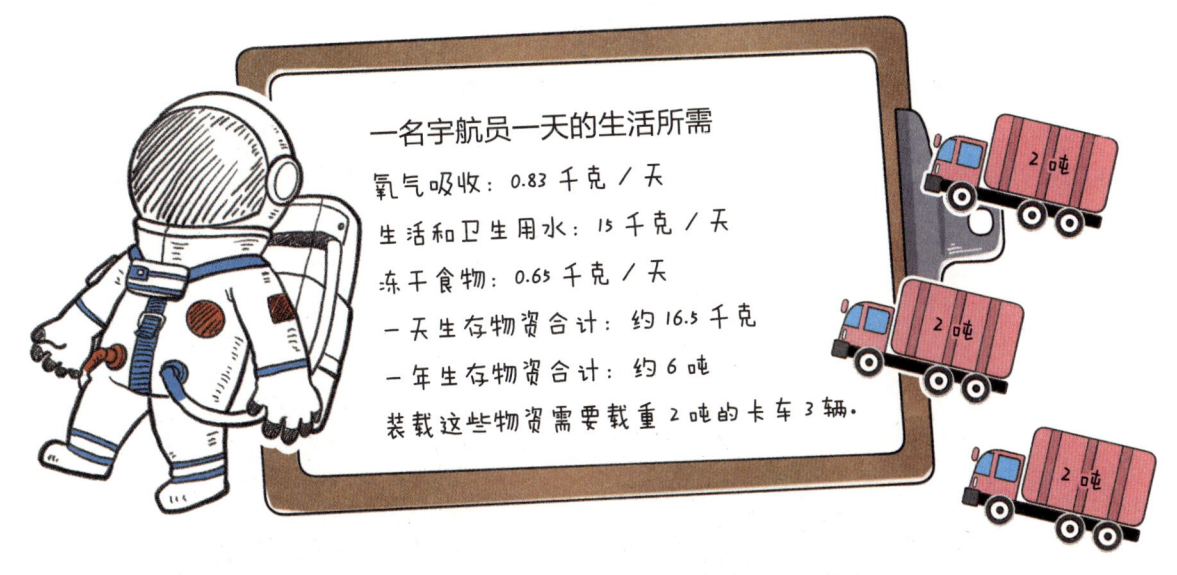

一名宇航员一天的生活所需

氧气吸收：0.83 千克／天
生活和卫生用水：15 千克／天
冻干食物：0.65 千克／天
一天生存物资合计：约 16.5 千克
一年生存物资合计：约 6 吨
装载这些物资需要载重 2 吨的卡车 3 辆。

现在问题来了，一个人一年要消耗那么多东西，那么：

N 个宇航员一年所需的物资要多少辆卡车来装呢？

大家生存所需的物资不仅重量惊人，体积也非常巨大，从地球带去太空的运输费用更是堪称天文数字！

如果能在太空建立"月宫一号农场"，让我们所需要的食物、水、氧气都在那里循环生产，就能解决这些棘手的难题。

密室生存的秘密

"月宫一号"由一个综合舱和两个植物舱组成。实验人员进入"月宫一号",带上了小麦、大豆等5种粮食作物,胡萝卜、苋菜等15种蔬菜,1种水果(草莓),2.5吨水,以及一些面包虫和微生物。

农作物被分批次种植在植物舱,一方面可以提供食物,一方面产生人类生活必需的氧气。

综合舱包括居住空间、人员交流与工作间、洗漱间、废物处理间和昆虫间。

植物蒸腾和人呼吸产生的冷凝水及生活废水,经过过滤循环又再次被利用。

舱内的面包虫不仅可以分解秸秆,也可以食用,为人们提供蛋白质。

微生物则承担着分解人类粪便、食物残渣等重要作用。

人们生活所需的食物、水、氧气都循环起来了,构成一个完整的生存闭环。从"月宫一号"中,我们可以看到祖国航天事业的广阔未来。

科学拓展

我们的探月之旅

"小时不识月,呼作白玉盘",月亮在中国文学史上承载着丰富而美好的情感,同时也在现实中激发着人们对它的好奇和探索。

自1969年美国"阿波罗11号"登月后,许多国家都开始推动自己的月球探索计划,我国也位列其中。

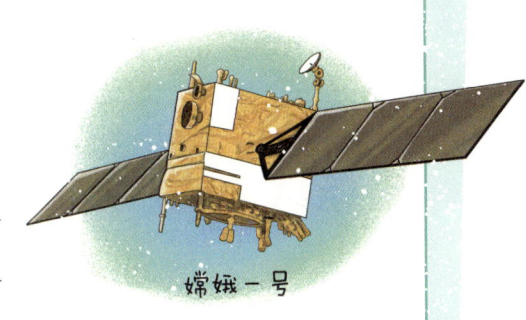

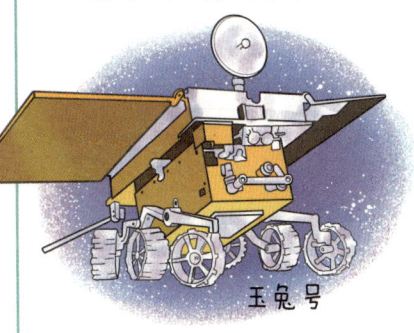

嫦娥一号

2004年,我国探月工程立项,命名为"嫦娥工程"。之后,我们逐步在对月探索方面取得了骄人的成绩。

2007年,我国自主研制的卫星"嫦娥一号"进入月球轨道,获得全月图,并在精准的控制下,于2009年成功撞击月球。

玉兔号

2013年,我国首辆探月车"玉兔号"抵达月球。在精良技术和先进仪器的帮助下,"玉兔号"克服月球上低温、强辐射、真空等艰难条件,在月球表面巡视探测。

2020年,"嫦娥五号"采集月球土壤,带着1731克样本回家,在内蒙古安全着陆。

未来,我国还会陆续发射嫦娥系列探测器,甚至开启载人登月研究工程,或许"月宫一号"实验中的技术会被应用在对月研究之中。我们对于这轮一直伴随着地球的"白玉盘",也会有更全面、更深刻的认知。

嫦娥五号

科学伴我成长 ⑤

科学实践

成为"控光者"

植物生长需要阳光、水、空气等条件。在"月宫一号"的植物舱中,因为缺乏阳光,科研人员们采用人工给光的方式保证植物生长。怎样控光才是最合理的呢?让我们做个实验吧!

实验器材

LED台灯3盏、纸盒3个、剪刀1把、生长情况相同的菜苗4株、水。

操作步骤

1. 将纸盒顶端用剪刀剪出一个洞口,将3株菜苗分别放入不同的盒中,将3盏台灯分别按照图示放置。剩下的1株菜苗放在自然光下。

2. 打开台灯,3个盒子每日的照射时间分别设定为8小时、12小时、24小时。

8小时　12小时　24小时

4 跨学科应用

3.观察两个月，保证期间无其他光线干扰，4株菜苗灌溉水量相等。

4.两个月后打开盒子，对比观察4株菜苗的生长情况，包括叶片颜色、茂密程度等。

注意事项：

1.注意台灯用电，避免触电。

2.光照与整体实验时长可根据具体情况进行调整。

实验进阶：

1.在实验中，改变台灯与菜苗之间的高低距离。

2.尝试采用不同类型和光谱的灯光进行实验，如植物专用生长灯、白炽灯等。

3.实验对象改为几种不同种类的植物。

实验说明：

不同的植物在不同的生长阶段需要不同的光照，不同类型的光具有不同的特性。"月宫一号"植物舱中为植物所定制的"生长光线"，可从光质、光周期及光量子通量密度几方面自由调控，为植物在太空中的茁壮成长奠定了基础。

科学启迪

"月宫一号"虽然暂时是在地球上进行的实验,但它为未来的月球科研站建设积累了宝贵的经验。通过阅读这一主题,我们了解了:

1. 科学不是一蹴而就的,更不可能一步登天,所有的科技成就都是从一个一个小实验开始,逐渐积累,最终以量变引发质变。

2. "月宫一号"实验,科学家们有针对性地解决人类在月球上的生存问题,这是典型的发现问题、解决问题的过程。我们在学习中,也要善于发现并解决问题,在解决问题的过程中积累经验,不断进步。

3. 载人航天精神:特别能吃苦、特别能战斗、特别能攻关、特别能奉献。它为我国航天事业的发展提供了强大的动力,也是我们在成长的过程中应该学习和坚持的精神。